전교1등
공부중독
학습법

치명적인 유혹, 공부중독에 빠져들다.

공부중독 학습법 - 전교1등

(전교 1등 공부법 No. 02)

1판 1쇄 인쇄 2011년 04월 04일
1판 1쇄 발행 2011년 04월 14일

지은이 | 김문수
펴낸이 | 모흥숙
펴낸곳 | 상상채널
출판등록 | 제2011-0000009호

::이 책을 만든 사람들
기획 | 홍종남
교정교열 | 안종군(미래채널)
표지 | 이기연(디박스)
본문 | 김효정, 이경혜, 유아름
마케팅 | 배진호

종이 | 갑을지업
제작 | 현문인쇄

주소 | 서울시 용산구 후암동 123-1
전화 | 02-775-3241~4
팩스 | 02-775-3246
이메일 | naeha@unitel.co.kr
홈페이지 | http://www.naeha.co.kr

값 14,800원
ⓒ 김문수, 2011
ISBN 978-89-965861-1-1

전교1등 공부중독 학습법

치명적인 유혹, 공부중독에 빠져들다.

글 김문수

상상채널

프롤로그;

공부에 중독되는 방법은
없는 것일까?

2006년 9월 어느 날, 필자가 운영하는 학습발전상담소에서 매주 실시하는 학습 상담 프로그램에 참여한 몇몇 학부모가 모여 아이들의 공부에 관련된 이야기를 나누고 있었다. 이 자리에 모인 대부분의 학부모들은 하나같이 자신의 아이들에 대한 불만을 늘어놓았다. 공부를 잘하는 아이의 부모이든, 공부를 못하는 아이의 부모이든 불만 내용은 한결같이 '왜 아이들은 자신의 미래를 위해 공부하지 않는가?'라는 것이었다.

"선생님, 제 아이는 도대체 커서 무엇이 되려는지 모르겠어요. 장래에 어떤 사람이 되겠다는 꿈도, 목표도, 의욕도 없이 그저 시간만 보내고 있어요."

이는 대부분의 학습상담 프로그램 참가자에게서 매번 듣는 이야기이다. 아이를 직접 만나서 원인을 찾기 전에는 분명한 답을 해 줄 수 없지만, 부모들이 진정으로 원하는 것은 이 질문에 대한 답이 아니라 같이 공감해 주고 위로해 주는 일일 것이다.

"아이가 체험 프로그램에 참여해 본 적이 있나요?"

"그럼요, 양로원 봉사활동에도 참여해 보고, 문화기행에도 다녀오고, 초등학교 때는 어학연수도 다녀왔어요."

"성적은요?"

"초등학교 5학년 때까지는 상위 10% 안에 들었는데, 지금은 밑에서 10% 안에 들어요. 성적은 둘째치고, 일단 공부에 대한 의욕이 없어요."

"공부하라는 이야기는 자주 하나요?"

"처음에 성적이 떨어졌을 때는 원인을 찾기 위해 대화도 자주 나누고, 나름대로 방법도 찾아보았어요. 그때는 아이도 심각하게 받아들이고 성적을 다시 올리기 위해 노력했는데, 지금은 노력도 하지 않고, 학교에도 가는 둥 마는 둥 해요. 이제는 서로 대화도 하지 않으니 아이가 도대체 무슨 생각을 하면서 살고 있는지 알 수가 없다니까요."

이런 내용의 상담을 할 때마다 필자는 "궁핍하게 살던 예전과는 달리 풍족한 환경에서 자라나는 요즘 아이들이 지니고 있는 특성이므로 너무 걱정하지 마세요. 다시 말해서 형제간에 경쟁이 없다 보니 부족한 것이 없고, 결과만 평가하는 사회 분위기 속에서 과정과 동기가 무시되니까 먼 훗날의 일을 지금부터 생각하기 싫은 것이지요."라고 말한다. 이제까지 이러한 일련의 문제들이 자신의 아이만이 가진 문제점이라 여겨왔던 학부모들이 필자의 이런 말을 들으면 남들도 똑같은 고민을 하고 있다는 사실에 위로를 받고 안도의 한숨을 쉰다.

필자는 대개 이렇게 운을 뗀 후, 이번에는 다시 학부모에게 질문을 한다. "이 문제는 공부를 하고 있는 학생들을 자식으로 두고 있는 집에서는 흔하게 일어나는 일입니다. 그럼 여기 모인 부모님들은 왜 우리 아이들이 의욕도 목표도 없는지 생각해 보신 적이 있나요? 그 원인이 도대체 무엇이라고 생각하시나요?" 필자에게서 해답을 얻으러 왔다가 거꾸로 질문을 받은 학부모들은 잠시 당황하는 듯하더니 한 어머니가 입을 열었다.

"필요한 것이 없기 때문 아닐까요? 우리가 어릴 적에는 모든 것이 부족했기 때문에 머릿속에는 항상 '이 상황을 벗어나야 한다.'는 강박관념 같은 것이 존재하고 있었지요. 그래서 뭐든 열심히 했던 것 같아요. 하지만 요즘 아이들은 춥고 배고픈 것이 무엇인지 전혀 느끼지 못하는 것 같아요. '내가 원하는 것은 무엇이든 부모님이 다 해 주시고, 세상이 망하지 않는 한 지금처럼 편하게 살 수 있는데 굳이 힘을 들여 공부할 필요가 뭐가 있어?'라고 생각하는 아이들이 많은 것 같아요. 그 뿐만이 아니에요. 더욱이 아이들이 항상 접하는 방송 매체에서조차도 공부는 인생의 전부가 아니라는 식의 말과 행동을 서슴없이 하고 있어요. 아이들이 자라나는 환경이 이러한데 아이들이 자신의 적성에도 맞지 않고, 머리만 아픈 공부를 굳이 하려고 할 이유가 없지요."

모두들 고개를 끄덕였다. 하지만 뭔가 부족한 느낌이 들어 덧붙일 말이 없느냐고 재차 질문을 하였다.

이번에는 한 남자가 큰 소리로 말했다. "아이들이 자신감이 없어요. 끈기가 없는 것은 물론이구요. 무엇을 하나 시켜도 재미없을 것 같다고 생각되는 일은 절대로 하지 않아요. 잘하지도 못할 거면서 창피하게 뭐하러 하느냐는 것이지요. 그래도 강제로 시키면 조금 하는 척하다가 이내 그만 둬버려요. 조금 더 해 보라고 하면 "더 이상 못하겠어요."라고 간단하게 말하고는 자기 방으로 들어가 버려요. 그 뿐인 줄 아세요? 부모 말은 전혀 들으려 하지도 않고, 전혀 무서워하지도 않아요. 사춘기여서 그러려니 하고 넘어가지만 사춘기가 무슨 벼슬도 아니고……. 요즘에는 아이의 눈치를 보느라 집에서 숨도 못 쉰다니까요."

우리 아이들이 의욕도 목표도 없는 이유는 자신감과 끈기가 없기 때문이라는 남자의 말에 모두들 공감한다는 듯한 표정을 지었다.

이야기가 나온 김에 자신감과 목표, 의욕 중에서 어느 것이 먼저인지를 묻고 싶은 생각이 들기는 하였지만, 이야기가 길어질 것 같아서 다음 기회로 미루었다.

자신감은 학습을 하는 데 있어서 목표를 달성하게 하는 원동력이라고 할 수 있다. 이러한 취지에서 학부모들은 자신감에 대해 어떠한 생각을 가지고 있는지를 물었다.

"자신감이 없는 아이들이 의욕을 갖고 목표를 세운다는 것은 어려운 일입니다. 자신감은 목표를 만들어 주기도 하고, 목표를 달성하도록 도와주기도 합니다. 그렇기 때문에 자신감은 공부의 출발점이라고 할 수 있습니다. 왜 요즈음 아이들은 자신감이 없을까요?"

나이가 지긋하신 어머니가 손을 드시더니 또렷한 음성으로 말했다.

"그건 부모들의 잘못이 크다고 생각해요. 어릴 적부터 하지 말라는 것은 많고, 부모가 하라는 것만 하다 보니 아이들 스스로가 자신이 해야 할 일이 무엇인지 찾지 못하는 것이지요. 스스로 필요한 것을 찾아 계획을 세우고 실천하는 기회를 주어야 하는데, 부모가 그런 기회를 빼앗고 아이의 모든 것을 조종만 하였으니 아이들이 무엇을 혼자 할 수 있겠어요. 그러면서 자신감이 없다고 탓하는 것은 말이 안돼요. 무엇을 해 봤어야 자신감도 생기죠. 그러다가 머리가 커지면서 반항만 늘고……. 아이가 반항을 하면 부모들은 아이 탓을 하곤 하지요. 정작 아이를 그렇게 만든 것은 자신들인줄은 모르고 말이지요."

이 어머니의 말에 대부분의 부모들이 고개를 끄덕였지만, 몇몇 학부모는 반론을 제기하였다.

앞에 앉아 있던 한 어머니가 목소리를 높였다.

"그것도 중요하지만 더 큰 문제는 우리나라 교육 정책에 있다고 생각해요. 아이들에게는 공부를 못해도 자신의 특성만 잘 살리면 대학이든, 사회 생활이든 전혀 문제될 것이 없다고 선전을 하면서 학교 현장에서는 성적 순으로 줄을 세우고 있으니 도대체 어느 장단에 춤을 추어야 할지 모르겠어요. 선진국에서는 공부를 잘하지 못해도 무엇이든 하나만 잘해도 먹고 사는 데 지장이 없도록 하는 교육을 한다고 하는데, 우리나라 교육 정책은 도대체 왜 이런지 가슴이 답답할 때가 많아요."

필자가 물었다.

"그럼 선진국형 교육이라는 것이 구체적으로 어떤 것이라고 생각하세요? 공부를 하지 않고도 성공할 수 있는 교육이란 무엇일까요? 어떻게 해야 한정된 부와 자원을 나누어 줄 수 있는 기준을 마련할 수 있을까요?"

"선진국형 교육이 무엇인지 딱히 말할 수는 없어도 적어도 우리나라보다는 자유로운 분위기 속에서 아이들을 교육한다고 생각해요."

잠시 침묵이 흐르다가, 다른 어머니가 말을 이었다.

"저는 인터넷이 아이들을 망쳐 놓았다고 생각해요. 저희 애는 학교에 갔다 오면 컴퓨터 앞에 앉아서 게임을 하는 것이 일이에요. 나가서 놀라고 해도 싫어하고 밥도 먹는 둥 마는 둥 컴퓨터를 아예 끌어안고 살아요."

이 말은 들은 많은 학부모들이 "맞아요." 하면서 호응을 한다.

게임 중독에 대해서는 별도의 시간을 마련하여 토론하자고 말한 후에 왜 인터넷이 아이들의 꿈과 의욕을 빼앗을 뿐만 아니라 자신감까지 없앤다고 생각하는지를 물었다.

"인터넷에는 아이들이 필요로 하는 모든 것이 있잖아요."

앞에 앉은 젊은 어머니가 자신 있는 목소리로 말했다.

"예전에는 친구를 만나려면 남의 집 문을 두드렸지만 요즈음은 도토리를 가지고 '싸이'에서 만나거나 메신저로 대화하면서 놀아요. 움직일 필요도 없고, 어른 눈치를 볼 필요도 없어서 편하거든요. 또 자신이 원하면 클릭 몇 번으로 의사도 되고, 변호사도 되고, 연예인도 될 수 있어요. 이렇게 클릭 몇 번이면 원하는 모든 것을 할 수 있으니까 인터넷 밖에서는 더 이상 욕심낼 것이 없어지는 거죠. 상황이 이러한데 지루하고 힘든 공부를 뭐하러 하려고 하겠어요. 세상의 목표와 꿈은 말 그대로 목표이고, 꿈일 뿐이지요. 요즘 아이들에게는 인터넷 세상이 진짜이고, 현실 세계가 가상이라는 생각마저 들어요. 아이들에게 꿈과 목표가 없는 것이 아니에요. 그저 어른들이 보기에 없어 보이는 것이지요."

다른 어머니가 말을 이었다.

"하루 종일 컴퓨터만 한다고 잔소리를 하면, 학교에서 내 준 과제를 하기 위해서는 인터넷이 필요하다거나 인터넷을 해야만 유명한 선생님들의 인터넷 동영상 강의를 들을 수 있다고 하면서 저를 무식한 엄마 취급을 해요. 내가 볼 때만 강의를 듣고, 안 볼 때는 친구와 채팅을 하고 있다는 것을 다 알고 있는데 말이죠. 그렇다고 하루 종일 아이가 무엇을 하는지 감시하고 있을 수도 없고……. 인터넷이 공부를 하는 데 필요하다는 것은 인정하지만 인터넷이 우리 아이들을 버려 놓았고, 중독에 빠뜨린 것은 분명한 사실이에요."

"맞아요. 인터넷이나 게임은 마약과 같아요. 한번 맛들이면 끊기가 어렵죠. 우리가 어릴 적에는 부모님들이 텔레비전을 보지 말라고 하셨는데, 사실 텔레비전은 일방적으로 전달만 하기 때문에 그리 중독성이 강하지는 않았어요. 그런데 인터넷이나 게임, 휴대폰 등은 상대방과 서로 의사소통을 하면서 실시간으로 결과를 얻을 수 있는 쌍방향 매체이기 때문에 참을성 없는 요즈음 아이들이 쉽게 빠져 드는 것 같아요."

이 어머니가 말을 꺼내자 여기저기서 인터넷의 폐해를 비판하는 목소리가 터져 나왔다.

"인터넷은 필요하지만 아이들에게는 마약과 같기 때문에 아예 끊어야 한다."라는 의견부터 "게임은 도박과 같은 것이므로 아이들의 접근을 원천적으로 막아야 한다."라는 의견에 이르기까지 다양한 의견이 나왔다. 처음에는 아이들이 공부를 안하는 이유가 자신감과 끈기가 부족해서라는 의견이 많더니 시간이 흐르면서 모든 문제가 인터넷에 있다는 쪽으로 의견이 모아지기 시작했다.

그때 한 어머니가 필자에게 물었다.
"선생님, 그런데 공부에 중독되는 방법은 이 세상에 없나요?"

| 차 례 |

공부에 빠져들다.
공부에 빠져들다.
공부에 빠져들다. 공부중독 공부에 빠져들다.
공부에 빠져들다.
공부에 빠져들다.

PART. 1

대한민국 청소년,
공부와의 싸움을
시작하다

Step 01

공부 공화국에서의 하루,
공부를 하거나
존재하지 않거나

아이들의 하루는 공부와 관련되지 않은 시간이 없다. 학교에서 학원으로, 학원이 끝나면 인터넷 강의로 이어진다. 학원도 한군데만 다니는 것이 아니다. 영·수 학원은 물론 예체능 학원을 다니고 방학이 되면 인성교육 프로그램까지 소화해야 한다. 공부에 도움이 되는 일이라면 가족 간 생이별도 기꺼이 감수하는 우리나라는 이른바 '공부 공화국'이다.

동창회에서의 어머니 파워(?)는 아이들의 성적에 비례하고, 대학 입시 시험장은 부모의 못다 한 꿈을 이루어 주는 시험장이 되어 버렸다. 또한 경시 대회에서의 입상은 명문 대학 입학을 보증하는 약속어음이 되어 버렸고, 명문 대학 입학생 수는 명문고인지 아닌지를 가늠하는 척도가 되어 버렸다. 신학기가 되면 성적을 올려 준다는 새로운 학습 프로그램들이 봇물을 이루고, 부모와 아이들은 이 말에 현혹되어 이 학원, 저 학원을 기웃거린다. 공부 잘하는 비법을 알려 준다는 강연이 있는 날에는 주변의 교통이 마비될 정도로 강연장이 북새통을 이룬다.

우리나라는 지금 '열공 중'

앞에서 이야기한 바와 같이 우리나라는 '공부 공화국'이다. 공부 공화국에서의 존재 이유는 오로지 '공부를 잘하는 것'뿐이다. 공부는 시간이 흐른다고 해서 없어지는 것이 아니다. 학생이 공부 외에 다른 사람들에게 인정받을 수 있는 수단이나 방법은 없다. 이왕 공부를 잘한다는 이야기를 들으려면 단순히 남보다 잘하는 수준 정도여서는 안된다. 부모가 원하는 만큼 잘해야 한다. '부모가 원하는 만큼'이라는 것이 어느 정도인지를 모르겠다면 부모의 꿈이 무엇인지를 알면 된다.

우리 아이들이 처음부터 공부를 안 한 것이 아니다. 아이들 나름대로 부모님을 실망시키지 않기 위해 노력한다. 하지만 노력한 만큼 성적이 오르지 않는다. 이러한 과정이 반복되면 점차 공부는 '해도 안되는 것', '지겨운 것', '나와는 상관없는 것'이 되어 버린다.

공부가 처음부터 지겨웠던 것이 아니라 생각만큼 성적이 오르지 않아서 지겨워진 것이다. 해도 해도 안되는데 지겨워하지 않을 사람이 어디 있겠는가?

이쯤에서 '공부에 성공한다는 것'의 의미는 무엇인지 생각해 보자. 상식적인 수준에서의 성공은 성적이 좋지 않았던 학생이 눈에 띌 정도로 성적이 올랐을 경우를 말한다. 하지만 현실적인 수준에서의 성공은 오로지 '1

등'만을 의미한다. 즉, 1등 아래는 전부 실패라고 간주해 버리는 것이다. 이러한 사회 분위기 속에서 학생은 늘 실패자요, 패배자일 뿐이다.

　필자의 직업은 학습상담 전문가이다. 여러 해 동안 필자는 많은 아이들에게 효율적인 학습방법에 대해 가르쳐 왔다. 그러다보니 자연스럽게 특정한 학생들을 위한 학습방법보다는 대다수의 학생들에게 도움이 될 만한 학습방법에 대해 많은 관심을 가지게 되었다.

　학습상담자는 아이들을 학습 내성이 강한 아이로 만들어 전쟁터에 내보내야 한다. 학습상의 문제를 파악하여 수정하고, 훈련하여 공부를 잘하도록 만드는 것이 학습상담자의 역할이다. 부모들도, 아이들도 학습상담자를 만날 때는 학생의 문제를 정확하게 판단하고, 이 문제를 즉시 해결하여 줄 것이라 기대한다. 부모와 학생 모두를 만족시키기 위해서는 학생을 공부에 강한 체질로 만들어야 한다. 하지만 이 방법은 한 사람만을 위한 것이므로 가시적인 변화를 이끌어 내기까지는 많은 시간과 비용이 소요된다. 평소 한 사람만이 아닌 모든 학생에게 적용할 만한 공부방법에 대해 고민을 하던 차였는데 학부모로부터 '중독'이라는 말을 들으니 '바로 이거다' 싶었다. 사실 중독이라는 말을 처음 들었을 때 거부감이 들었던 것이 사실이지만, 어차피 학교 성적이 사람을 평가하는 잣대가 되는 세상을 살고 있는 바에야 공부에 미쳐서 살아보는 것도 의미가 있으리라는 생각이 들었다.

　수개월의 준비 과정과 또 수개월의 중독 프로그램을 시행해 본 결과는 놀라웠다. 프로그램에 참가한 80%의 학생들이 3개월 후에 평균 10점 정도가 상향된 것이다. 무엇보다 가장 큰 변화는 학생이 공부에 재미를 느끼게 되었다는 것이다. '공부'라는 단어만 들어도 짜증을 내던 학생이 중독 프로그램 과정을 거치면서 공부의 필요성을 알게 되었고, 이를 통해 스스로 공부를 하게 되었으며, 한 단계 한 단계 발전하는 자신의 모습을 보면서 공부에 자신감이 붙게 되었던 것이다. 이러한 자신감은 비단 공부뿐만 아니라 삶 전체에도 긍정적인 영향을 주어 주변의 모든 것을 긍정적으로 바라볼 수 있게 되었다.

또한 중요한 것과 중요하지 않은 것이 무엇인지를 알고 현실에 몰입할 수 있게 되었다. 학생의 노력이 성과로 이어지고, 이 성과가 성적 향상으로 이어지면서 아이들은 공부를 우호적으로 인식하게 되었으며, 공부를 하면 할수록 쾌감을 얻게 되었다. 그동안 게임이나 인터넷을 통해 느껴왔던 쾌감을 공부를 통해 느끼게 된 것이다. 상황이 이렇게 변하자 아이들은 점점 더 공부에 중독되기 시작했다. 공부 중독 프로그램은 공부에 관한 한 약자요, 피해자요, 희생자였던 학생에게 주도권을 주어 세상의 중심을 자기 자신에게로 돌려놓는 데 커다란 역할을 하였다. 공부를 통해 재미와 쾌감을 얻고 나면, 공부는 더 이상 '억지로 하는 것', '지겨운 것'이 아니라 '하고 싶은 것', '즐거운 것'으로 변하게 될 것이다.

Step 02

무엇이
중독을 일으키는가?

공부는 학생이 가장 잘할 수 있는 부분이고, 가장 자신 있게 할 수 있는 부분이다. 설사 자신이 능력이 출중하여 잘할 수 있는 것이 많다고 하더라도 공부에는 때가 있고, 학생 때는 인생에 있어서 공부에만 집중할 수 있는 유일한 시기임을 명심해야 한다.

직장으로서의 성공은 높은 지위에 오르는 것이고, 학생으로서의 성공은 공부를 잘하는 것이다. 한창 혈기왕성한 나이에 책상 앞에 앉아 공부만 한다는 것이 억울하고 불만족스럽겠지만, 더 나은 삶을 살기 위한 투자라고 생각하고 한 걸음씩 차근차근 전진해야 한다.

공부중독 프로그램이란 무엇인가?

공부중독 프로그램에 대해 상담을 하다 보면 "저도 공부에 중독되고 싶어요. 책상 앞에만 앉으면 이런저런 잡생각 때문에 공부에 집중할 수가 없어요. 공부에 중독되면 마음이 편안해진다고 하셨는데 약이라도 먹어야 하나요?"라는 질문을 받을 때가 있다. 바보가 아닌 다음에야 공부에 중독되기 위해 먹는 약이 따로 있을 것이라고 생각하지는 않을 것이다. 따라서 이 말은 약을 먹어서라도 공부에 집중하고 싶은 마음의 표현일 것이다.

지난 2007년 10월경에 모 방송국 텔레비전 뉴스에서 정상적인 아이가 집중력에 좋다는 이유로 ADHD(주의력결핍과잉행동장애) 치료제를 사용하고 있다는 소식을 접한 적이 있다. 이 약은 일부 청소년과 부모들 사이에서 '공부 잘하는 약'으로 알려져 있으며, 이 약을 먹으면 집중력이 향상되고, 학습 성과가 높아진다고 생각하고 있다는 것이다. 그러나 이 약은 ADHD 치료제로, 정상인이 이 약을 복용할 경우 식욕 부진, 우울증과 같은 부작용을 일으킬 수 있으며, 심하면 중독될 가능성도 높다고 한다. 성적 향상을 위해서는 어떤 일도 서슴지 않는 세태를 반영하는 것 같아 씁쓸한 마음이 들었다.

약물의 힘을 빌려서 집중력을 길러야 할 정도로 우리의 아이들이 그렇게 허약할까? 그렇지 않다. 실제로 아이들과 이야기를 나누어 보면 대부분의 아이들이 건강하고 올바른 가치관을 가지고 있다는 것을 쉽게 알 수 있다. 필자가 보기에 건강하지 못한 것은 학생이 아니라 부모들이다. 대부분의 부모들은 자기가 못 이룬 꿈을 자식을 통해 이루고 싶어한다. 따라서 다소 무리가 되더라도 아이의 성적에 도움이 되는 일이라면 수단과 방법을 가리지 않는다.

아이의 학습이 부진한 원인은 아이에게 있는 것이 아니라 대부분 부모에게 있다. 우리 주변에는 아이의 적성과 능력은 무시한 채 부모가 기대값을 정해 놓고 자신이 이루지 못한 것을 아이를 통해 대리 만족하려는 부모, 과정보다는 목표 달성만을 강요하는 부모, 자신이 완벽하기 때문에 자식 또한 완벽해야 한다고 생각하는 부모들을 심심치 않게 만날 수 있다. 하지만 이 세상에는 완벽한 부모도 없고, 완벽한 자식도 없다는 점을 인정하지 않으면 안된다.

우리 아이들은 건강하다. 약이 아니라 대화와 몇몇 프로그램을 통해서도 충분히 변화할 수 있다. 약처럼 금방 효과가 나타나는 것이 아니기 때문에 믿음이 덜 갈 수도 있겠지만, 적어도 공부중독 학습방법은 아이를 바보로 만들지는 않는다.

무엇이 중독을 일으키는가?

우리는 하루에도 수십 번씩 '지금 무엇을 할 것인가', '어떻게 할 것인가'와 같이 선택하거나 결정해야 하는 순간을 맞이하게 되는데, 대부분은 '늘 그래 왔던 것처럼' 행동하면서 자신이 왜 그렇게 행동했는지조차 인식하지 못한다. 이렇게 습관적으로 처리하는 일들에 큰 관심을 두지 않는 이유는 습관을 형성하기까지의 경험과 노력 때문이다. 습관이 만들어지기까지는 의식적으로든, 편리함에 의해서든 많은 시간과 노력이 필요하지만, 일단 습관이 형성되면 일상생활 속의 모든 선택과 결정을 습관에 의지하게 된다. 사람은 누구나 편안함과 안정감, 즐거움을 추구한다. 따라서 편안함과 즐거움을 수반하는 것일수록 중독되기가 쉽다. 이처럼 습관이 된 중독은 어느새 일상이 되어 결국 삶 전체를 지배한다.

공부중독은 어떻게 형성되는가?

공부중독은 쾌감에 의해 형성된다. 공부에서 느끼는 쾌감은 학업적 성취를 통해 얻어진다. 이러한 학업적 성취는 '공부는 재미없는 것'이라는 생각을 '공부는 할 만한 것이고, 나름대로 재미도 있는 것'이라는 생각으로 바꾸어 주는 데 커다란 역할을 한다. 재미가 없으면 중독은 결코 일어나지 않는다. 이것은 약물에 의한 강제적 중독이 아니라 심리적 변화를 통한 중독이므로 중독에 이르는 과정이 재미있어야 한다.

그렇다면 학업적 성취는 어떤 방법으로 이룰 것인가? 학업적 성취는 순차적 훈련을 통해서 이룰 수 있다. 즉, 공부중독은 인위적인 훈련에 의해서도 가능한 것이다. 학업적인 작은 성공이 반복되면 쾌감을 불러오는 습관이 형성되고, 점차 학생은 이 쾌감을 얻기 위하여 습관적으로 공부를 하게 된다. 쾌감은 중독을 불러오고, 시간이 흐를수록 중독성이 강해진다.

Step 03

기분 좋은 중독,
공부중독

공부중독은 공부에 대한 갈증을 충족시키려는 노력이다. 사람은 누구나 공부를 잘해서 미래를 보장받고, 남들로부터 주목받기를 원한다. 이러한 희망을 육체적, 정신적으로 조절하여 자신의 능력 안에서 공부가 이루어지게 하고, 집중된 힘을 발휘하여 공부에 대한 만족을 얻을 수 있도록 만드는 것이 공부중독이다.

공부중독자는 공부를 할 때 평온함을 느끼고 쾌감을 얻는다. 공부를 할 때 쾌감과 평온함을 얻는다면 공부중독은 이 세상 어떤 중독보다도 기분 좋고 행복한 것이라 할 수 있다.

공부중독은 자신의 가치를 높이는 것이다

공부에 중독되면 자신에 대하여 부정적이었던 아이가 자신을 사랑하게 되고, 지극히 평범하던 아이가 기대 이상의 능력을 보이며, 아무 생각 없이 하루하루를 보내던 아이가 계획을 세우고 실천하는 모습을 보이게 된다. 즉, 공부중독은 자신의 가치를 높이는 일과 밀접하게 관련되어 있다.

공부중독은 실패를 성공으로 바꾸어 준다

첫째, 이제까지 공부에 실패한 원인이 잦은 공부 실패에 있었다면, 공부중독은 자신이 노력한 만큼 거둘 수 있다는 사실을 깨닫게 해 줌으로써 공부에 대한 생각을 긍정적으로 바꾸어 놓는다.

둘째, 공부중독이 되면 무시할 것은 무시하고, 오로지 관심을 가져야 할 것에만 집중하게 된다. 공부를 잘하기 위해서는 체력, 학습 환경, 가정 환경 등과 같은 많은 조건이 충족되어야 한다. 하지만 그 조건을 다 갖춘 상태에서 공부를 한다는 것은 현실적으로 어렵다. 아이들 중에는 이런 문제를 핑계 삼아 공부를 회피하는 경우가 있는데, 공부중독은 이러한 조건들을 무시하고 오로지 공부에 집중하도록 만들어 준다.

셋째, 공부중독이 되면 경쟁자는 남이 아니라 바로 자신이라는 생각을 가지게 되며, 결국 자신과의 싸움을 즐기게 된다. 즉, 자기 자신을 경쟁자고 삼고, 자신의 노력에 의하여 얻은 결과만을 분석하게 된다. 또한 친구는 경쟁자가 아닌 나의 벗이며, 성적은 나의 노력에 대한 결과일 뿐이라는 단순한 생각을 가지게 된다. 이를 통해 공부로부터 받는 스트레스에서 벗어날 수 있다.

공부중독은 중독성이 강하다

숱한 어려움을 거친 후에 맛보는 성취감은 쉽게 얻은 결과의 성취감보다 강하다. 또한 공부를 통해 얻는 성취감은 게임이나 인터넷을 통해 얻은 성취감보다 강하다. 대다수의 아이들은 타율적인 방법에 의해 공부를 하였거나, 자신의 필요에 의한 공부를 하지 않았기 때문에 공부를 통한 성취감이 약하다. 공부중독에 걸린 아이들은 자신의 필요에 의해 공부를 한다. 공부를 한 후의 성취감을 맛본 후에는 공부에 대한 중독성이 더욱 강해진다. 중독은 자가 발전을 한다. 더 강한 자극과 쾌감을 얻기 위해 공부를 무한 반복한다. 공부중독은 빠져나오기 힘든 달콤한 유혹이다.

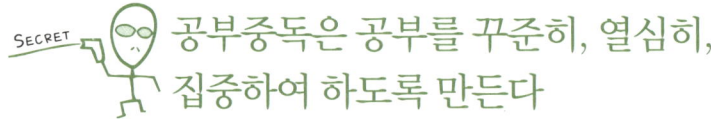

공부중독은 공부를 꾸준히, 열심히, 집중하여 하도록 만든다

공부에 왕도는 없다. 공부를 잘하기 위해서는 머리가 좋든 나쁘든, 환경이 좋든 나쁘든 꾸준히, 열심히, 그리고 집중적으로 해야 한다.

공부중독은 새로운 공부방법이 아니다. 공부중독에 있어서도 CSQ3Rd (PART 4 참고)를 제외한 기존의 공부방법이 그대로 적용된다.

Step 04

공부중독에 빠져드는
3단계에 주목하라

공부중독은 마치 산을 오르는 것과 같다. 산에 오르고 싶다는 마음(공부를 잘하고 싶은 마음)과 어느 산을 오를 것인지의 선택(목표), 정상까지 오를 수 있는 힘(자신감)과 가장 적은 힘을 들여 오르는 방법(학습전략)을 찾아 습관화시키는 것이다.

산에 오르고 싶은 마음도 없이 아무 산이나 오르는 것은 목표 없이 공부를 하는 것과 같고, 올라가야 할 산이 있어도 산 아래에서 머뭇거리는 것은 자신감 없이 공부를 하는 것과 같으며, 계획도 없이 높은 산을 무작정 오르는 것은 시간만 허비하면서 공부하는 것과 같다. 따라서 공부중독에 빠지기 위해서는 내가 오르려는 산에 대한 목표, 산의 정상까지 오를 수 있는 힘인 자신감, 정상을 효율적으로 정복하기 위한 전략이 필요하다. 산에 중독된 사람은 산에서 평온을 얻고, 공부에 중독된 사람은 공부에서 평온을 얻는다. 다시 말해서 공부중독에 빠지기 위해서는 '목표가 있는 공부습관', '자신감 있는 공부습관', '전략이 있는 공부습관'의 3단계가 필요하다.

1단계 - 목표가 있는 공부습관

공부중독에 이르기 위해서 가장 먼저 필요한 것은 내가 올라갈 산(목표)을 찾는 것이다. 상담을 하다 보면 아무 목표도 없이 되는 대로 살겠다는 아이들이 의외로 많은 것에 놀라게 된다. 아이들에게 공부를 왜 하느냐고 물으면 하나같이 '주변에서 하라고 하니까', '부모님을 실망시키지 않으려고', '그냥 해야 하는 것이니까'라고 대답한다.

이처럼 공부를 하는 이유를 내부가 아닌 외부에서 찾게 되면 어려움이 닥쳤을 때 쉽게 포기하게 된다. 누구든지 자신이 재미있고, 흥미 있어 하는 것에는 어떤 어려움이 있어도 끝까지 포기하지 않지만 그렇지 못한 경우에는 금방 싫증을 내거나 포기를 하게 되는 법이다. 산을 오르는 것이 자기 자신의 의지가 아니라 타의에 의한 것이라면 산을 억지로 오르는 것과 같다. 따라서 산에 오르다가 힘이 들면 다시 내려가고 싶은 마음이 드는 것은 인지상정이다. 산을 오르는 동기가 내부가 아닌 외부에 있기 때문이다.

이때 과거의 성취 경험은 목표가 있는 공부습관을 형성하는 데 중요한 역할을 한다. 목표를 달성하는 데 있어서 과거의 성공 경험은 큰 도움이 된다. 과거의 성공 경험이 없다면 목표를 만들기도 어렵고, 공부를 하는 이유나 동기도 외부에서 찾게 될 확률이 높다.

과거의 성공 경험이 없다면 인위적으로 작은 성공을 연속적으로 경험하게 하여 공부에 대한 인식을 바꾸어 주는 것이 좋다. 공부에 우호적인 감정을 가지면 자연스럽게 내적 동기를 갖게 된다. 여기서 공부의 내적 동기란, 내가 꿈꾸는 미래를 위해 공부를 하거나, 나 자신의 발전을 위해 공부를 하는 것을 말한다. 공부의 내적 동기는 나의 필요에 의한 공부이고, 필요는 공부를 하는 목표이자 이유이다.

2단계 - 자신감 있는 공부습관

공부중독에 이르기 위해서 두 번째로 필요한 것은 '나에게는 산의 정상에 오를 수 있는 힘이 있다.'라고 믿는 것이다. 즉, 목표를 달성할 수 있다는 자신감을 가져야 한다. 전문가의 입장에서 볼 때 이 자신감만 있으면 이미 반은 성공한 것이나 다름없다. 공부를 하는 데 있어서 학습을 목표까지 이끌고 가는 힘은 바로 '자신감'이기 때문이다.

목표를 달성하는 것은 어렵고, 시간이 필요하며, 많은 노력과 인내가 필요하다. 그런데 정작 자신감이 없으면 이 모든 것이 무용지물이다. 자신감이 없으면 목표와 전략이 있다고 하더라도 공부가 진척되지 않는다. 여기서 자신감이란, '자신을 사랑하고 믿는 정도'를 말한다.

자신감이 없는 학생들도 공부중독 프로그램을 통하여 어느 정도 개선을 할 수는 있지만, 프로그램만 진행한다고 해서 자신감이 갖추어지는 것은 아니다. 학생 스스로는 물론 부모의 노력도 필요하다. 심리 상담만으로는 아이들의 신뢰를 얻기 힘들다. 오히려 공부를 못하는 자신을 위로하려 한다는 의심만 키울 수 있다. 따라서 '너는 할 수 있는 능력이 있다'라는 것을 증명할 수 있는 자료를 제시하여야 한다. 이를 위해서는 각종 검사 도구(적성 검사나 아이큐 검사 등)를 활용하는 것이 좋다. 이 자료를 통해 아이의 능력과 장점, 그리고 미래 비전을 제시하면 아이의 신뢰를 얻을 수 있다.

3단계 - 전략이 있는 공부습관

세 번째로 필요한 것은 가장 적은 힘을 이용하여 산을 오르는 방법, 즉 '효율적으로 공부를 하는 방법'을 알아야 한다는 것이다. 아이가 올라가야 할 산은 높다. 따라서 그 높은 산을 아무 대책도 없이 무작정 오를 수는 없다. 산에 오르기 전에 정상을 정복하기 위한 계획을 꼼꼼히 세워서 최소한의 체력으로 가장 빨리 정상에 올라가는 안전한 루트를 찾아야 불필요한 힘을 소비하지 않는다. 목표가 있고, 자신감이 있어도, 전략이 없다면 공부한 시간에 비해 낮은 성적을 받게 된다. 학습전략은 공부의 효율을 높이는 기술적인 방법이므로 누구나 쉽게 따라할 수 있다. 하지만 공부방법과 관련하여서는 공해라고 할 만큼 정보가 많기 때문에 이를 모두 따라하다가는 오히려 학습에 방해가 될 수 있다. 따라서 수많은 공부방법 중에서 나에게 맞는 최선의 방법을 찾아 한두 가지만 적용하면 된다.

공부에 빠져들다.

공부에 빠져들다.

공부에 빠져들다. 공부중독 공부에 빠져들다.

공부에 빠져들다.

PART. 2

정상으로 가는
베이스 캠프
《 목표가 있는 공부습관 》

Step 01

공부를 하는 이유는 뭘까?

: 학습동기 찾기 :

공부를 하는 이유, 즉 학습 동기는 '내적 동기'와 '외적 동기'로 나누어 볼 수 있다. 내적 동기는 학생이 공부를 하는 이유가 학습 그 자체에 있는 것을 말한다. 즉, 공부를 하는 목적은 오로지 '즐거움을 얻기 위한 것'이다. 공부하는 것이 재미있어서 공부를 한다면 그 학생은 내적 동기를 갖고 공부를 한다고 볼 수 있다. 적성이나 흥미에 맞는 학습과제를 선택하거나 지적 호기심, 학습의 즐거움, 보람, 성취 경험 등이 있는 경우에는 내적 동기를 갖고 공부를 하게 된다. 내적 동기를 갖고 공부하는 학생은 외부적인 것에 전혀 영향을 받지 않은 상태에서 학습활동을 지속하고, 공부 자체에서 즐거움을 얻기 때문에 지적 호기심과 도전 의식이 강하며, 문제를 스스로 찾아서 해결하고 이해하는 자기만의 공부방법을 갖고 있다.

이와 반대로 외적 동기는 학습 그 자체의 즐거움보다는 외부의 것을 얻기 위해 공부를 하는 것을 말한다. 어떤 학생이 상을 받기 위해서, 부모님을 기쁘게 해드리기 위해서, 또는 돈을 많이 벌기 위해서, 높은 지위에 오르기 위해서 공부를 한다면 외적 동기를 갖고 있다고 볼 수 있다.

공부를 하는 이유

내적 동기를 가지고 공부를 하는 것이 학습 능률도 높고, 모든 부모님이 원하는 바이기는 하지만 공부가 재미있어서 한다는 학생을 만나기는 쉽지 않다. 선천적으로 책 읽기와 공부를 좋아하는 아이가 아니면 내적 동기를 갖기 어려우며, 보통 내적 동기의 형성은 외적 동기인 보상을 통해 유도되는 것이 일반적이다. 내적 동기가 형성되기 위해서는 공부가 재미있는 것이라는 사실을 스스로 느껴야 한다. 경우에 따라서 일정한 유도 프로그램을 사용하기도 한다.

즉, 처음에는 외적 동기인 보상과 공부를 접목하여 노력에 따른 보상을 제공하고, 공부 자체에 재미를 느꼈을 때 점차 내적 동기로 이동시켜 나가는 것이다. 내 아이는 내적 동기 없이 외적 동기로만 공부를 한다고 속상해하거나 실망해서는 안된다.

내적 동기를 갖고 공부를 하는 학생이 많은 노력을 하여 좋은 성과를 거두었을 때 적절한 보상을 하면 내적 동기를 더욱 강화할 수 있다.

공부의 능률은 내적 동기와 외적 동기가 적절히 조화를 이루었을 때 높일 수 있다. 내적 동기만을 강조하면 이상주의적이고 개인주의적인 교육의 성격을 강하게 띠게 될 것이고, 반대로 외적 동기만을 강조하면 공부 자체의 순수 목적보다는 공부가 하나의 수단으로서 외적 목적에 종속되고 만다.

따라서 내적 동기가 강한 학생에게는 적절한 보상으로 공부의 재미를 유지시키고, 외적 동기가 강한 학생은 내적 동기로의 전환을 유도하여야 한다.

예를 들어, 한 집안의 가장이 일을 하는 이유가 자신의 재미만을 위한 것이라면 경제적으로 무책임하다는 소리를 들을 것이고, 돈만 벌기 위해 일을 한다면 피폐해진 사회적 관계로 인해 사회적 비난을 받을 것이다. 즉, 일 자체도 재미있어야 하지만 그에 따른 보상으로 돈도 벌 수 있는 일이 가장 이상적일 것이다. 일을 할수록 능률도 오르고, 수입이 늘어난다면 누구나 일을 열심히 할 것이다.

공부도 이와 마찬가지이다. 공부 자체가 재미있고 성적이 잘 나올수록, 그리고 보상이 주어질수록 하고 싶어질 것이다. 즉, 그 자체가 재미있는 것만으로는 부족하다는 것이다.

Step 02

공부를 해야 하는
10가지 이유

"공부를 잘한다고 다 성공하는 것이 아닌데 왜 공부를 해야 하죠?"

"루트(√)나 코사인(cos) 등은 어디에 써먹으려고 배우나요?"

부모님이 아이로부터 이런 질문을 받으면 실로 막막할 것이다. 이런 경우에는 일일이 대응할 필요가 없다. 아이들은 부모님의 대답에 반박을 할 내용을 미리 준비해 놓고 있기 때문이다. 여러 가지 예를 들어 설명하려 할수록 이들의 반격은 점점 거세진다. 그러나 다행스러운 것은 아이들은 대화할 준비가 되어 있고, 이해가 되면 받아들일 준비도 되어 있다는 것이다. 아이들이 이해할 수 있는 단어와 이해할 수 있는 이유를 들어 대화하면 아이들은 부모의 말을 따를 것이다.

1. 청소년 시기에 가장 잘할 수 있는 것은 공부이다

청소년기는 봉사와 우정의 중요성, 꿈을 위한 노력과 열정, 인내로 중요한 목표를 향하여 나아가는 시기이며, 세상의 모든 것을 받아들이고 정리해야 할 시기이다. 할 일도 많고, 하고 싶은 일도 많은 이 시기에 그래도 가장 중요하고 가장 잘할 수 있는 것은 공부이다.

자신이 현재 학생이라면 지금 당장 자신이 무엇을 잘할 수 있는지 생각해 보라. 돈을 잘 벌 수 있는가? 운전을 잘할 수 있는가? 아니면 남을 가르치는 일을 잘할 수 있는가?

곰곰이 생각해 보면 그나마 잘할 수 있는 것이 공부뿐이라는 사실을 깨닫게 될 것이다. '무엇이든 때가 있다(Everything has its time)'라고 한다면, 공부를 해야 하는 때는 다름 아닌 청소년 때이다. 이때는 모든 환경이 공부 위주로 조성되어 있다. 육체는 며칠 밤을 새워도 금방 회복될 수 있을 만큼 에너지가 넘치고, 두뇌는 사고력과 이해력이 급속히 발달하여 어렵고 복잡한 문제도 스스로 해결할 수 있으며, 호기심이 왕성하여 새로운 일에 두려움 없이 도전할 수 있다.

인생에 있어서 이때만큼 공부에 최적화되어 있는 때는 없다. 또한 청소년 시기는 평생을 살아가는 데 있어서 가장 중요한 역할을 하는 가치관을 형성하는 시기이며, 사회인으로서 갖추어야 할 기초적인 소양을 쌓는 시기이다. 다시 한 번 말하지만 지금 내가 가장 잘할 수 있는 일이 무엇인지 생각해 보라.

2. 이 세상에서 나에게 평등한 기회를 제공하는 몇 안되는 것 중의 하나가 공부이다

하고 싶은 일이 있거나 갖고 싶은 것이 있을 때 남들과 공평한 기회가 주어지는 경우는 그리 많지 않다. 교육환경이 불공평하다고 불평하는 사람도 있지만 아무리 그렇다고 하더라도 그나마 가진 자이든, 안 가진 자이든 평등한 기회를 제공하는 것은 공부이다. 공부가 사회적 불공평을 해소할 수 있는 해결책으로서 제시되고 있는 이유도 바로 이 때문이다. 공부는 유산처럼 누군가로부터 주어지는 것이 아니라 스스로의 노력에 따라 얻을 수 있는 것이다.

민주주의 사회에 있어서 공부는 평등을 지향하고 사회적 열매를 재분배하는 사회적 장치라고 할 수 있다. 누구에게나 초, 중, 고를 거쳐 대학에까지 입학할 수 있는 기회가 주어진다. 다만 이 기회를 제대로 활용하지 못하여 중도에 포기를 하거나 공부를 게을리하여 진학하고 싶어도 하지 못하는 것일 뿐이다. 어찌보면 공부만큼 정직한 것도 이 세상에 없다. 자신이 노력한 만큼 성적이 나오기 때문이다. 공부를 하는 데 있어서 장애가 된다고 생각하는 것들은 대부분 공부가 하기 싫어서 만든 핑계일 뿐 실제로 장애인 경우는 드물다. 이렇듯 평등한 기회를 사회에서 제공하는 때는 학생 때뿐이다. 따라서 주어진 기회를 놓치지 않으려면 지금 내가 해야 할 일이 무엇인지를 심각하게 고민하지 않으면 안된다. 시간은 지금 이 순간에도 흘러가고 있고, 우물쭈물하다가는 기회를 놓치고 만다. 지금은 다른 사람에게 '범생'이라 놀림을 받는 친구들이 언젠가는 나에게 명령을 내리는 사람이 될 것이라는 사실을 명심하라.

3. 봉사할 기회가 많아진다

삶을 긍정적이고 의미 있게 보내는 방법들 중의 하나는 '봉사'이다. 봉사는 내가 가진 것을 남에게 나누어 주는 일일 뿐만 아니라 자신을 행복하게 만드는 일이기도 하다. 봉사에는 여러 가지 종류가 있지만, 이 중에서 부가가치가 가장 높은 것은 배움을 통한 봉사이다. 즉, 몸을 이용해서 봉사를 하는 것보다는 배움을 통해 봉사를 하는 것이 좀 더 많은 사람들을 기쁘게 해 주는 것이기 때문이다.

예를 들어 공부를 열심히 하여 농생명 계통의 학자가 되면 새로운 품종을 개발하여 기아에 허덕이고 있는 사람들을 구할 수 있을 것이고, 국제경제전문가가 되면 못사는 나라를 돕기 위한 경제 개발 프로그램에 참여할 수 있을 것이며, 의사가 되면 전쟁으로 부상자가 많은 나라에 파견되어 많은 사람들의 생명을 구할 수도 있을 것이다. 또한 발명가가 되면 사람들의 삶을 바꿀 수 있는 물건을 만들어 많은 사람들이 혜택을 누리며 살게 할 수 있을 것이다. 배우지 못하면 남을 도와주고 싶어도 도울 수 없는 경우가 많다. 남에게 도움을 받는 것보다 도움을 줄 수 있는 것이 좋은 것이다. 없는 것을 나누는 것이 참된 봉사라고는 하지만 자신에게 여유가 없으면 봉사할 수 있는 기회도 적어진다.

4. 가장 경제적이다

공부는 가장 적은 돈을 들여서 가장 높은 효과를 거둘 수 있는 분야이기도 하다. 공부는 들어간 돈의 수십 배에서 수백 배 이상을 거두어들인다. 2007년 10월 16일에 방송된 문화방송의 9시 뉴스에서는 우리나라에서 아이를 낳아 대학교육까지 시키는 데 드는 비용은 2억 3,200만 원이라는 내용이 보도되었다. 분명 많은 금액이기는 하지만 이렇게까지 많은 돈을 들이면서도 공부를 시키는 것은 그 이상의 효과가 있다는 사실을 알고 있기 때문이다. 사회적 지위와 사회적 수입 등은 배움의 정도에 따라 차이가 난다. 고등학교 졸업자의 임금을 100으로 했을 때 대학 졸업자의 임금은 1998년에 135, 2003년에 141로 나타났다(교육과학기술부 인력수급통계과 자료). 고등학교를 졸업했을 때보다 대학을 졸업했을 때의 수입이 대학에 들어간 돈보다 훨씬 많다는 것을 알 수 있으며, 그 차이는 해가 갈수록 벌어지고 있다.

5. 선택할 수 있다

공부를 잘하면 선택권을 가질 수 있다. 어느 대학을 갈 것이며, 어느 학과를 갈 것인지, 또는 어느 직업을 가질 것이며 어느 회사에 취직을 할 것인지 등을 마음대로 선택할 수 있다. 선택할 수 있는 위치에 있을 때의 좋은 점은, 첫째 자기가 하기 싫은 일은 하지 않을 수 있다는 것이고, 둘째 자기가 하고 싶은 일을 할 수 있다는 것이다.

공부는 사회에 본격적으로 진출하기 전이라도 그 사람의 능력을 평가하는 자료로써 활용된다. 또한 졸업한 대학의 이름이 무엇이냐에 따라 사회 진출의 장벽 높이가 달라진다. 공부를 잘하면 돈에서도, 지위에서도, 연애에서도 우선적인 기회를 얻을 수 있다. 취직에 있어서도 남보다 유리한 입장에 설 수 있으며, 그에 따른 지위도 확보할 수 있다. 연애를 하더라도 상대방에게 후한 점수를 받을 확률이 높아진다. 이런 선택권과 우선권은 자신의 미래를 위해 오랫동안 인내한 학생들이 차지한다.

6. 공부는 나와 세상의 가치를 높인다

공부는 인간을 인간답게 만들고, 내 존재 가치를 세상에 알리는 역할을 한다. 사람이 동물과 다른 점은 학습을 통하여 새로운 물질과 가치를 창조하며, 창조를 통하여 새로운 문화와 문명을 만드는 것이다. 사람은 학습을 통하여 문화에 동참하고, 참여자로서 자신의 존재를 확인받게 된다. 또한 나는 교육 과정을 거치면서 가치관을 확립하고 남과 구별되는 성질을 형성한다. 내가 이 세상의 가치를 높이는 역할자로서 존재할 수 있는 이유는 학습이라는 과정이 있기 때문이다.

7. 공부만큼 정직한 것은 없다

지금 나의 성적은 나의 노력의 정도에 따른 결과이다. 공부만큼 정직한 것은 없다. 공부는 투입한 노력과 시간에 비례한다. 다른 조건이 동일하다고 가정할 때 1시간을 공부하면 1시간을 공부한 만큼의 성적이 나오고, 5시간을 공부하면 5시간을 공부한 만큼의 성적이 나오는 것이 공부이다. 1시간을 공부하던 학생이 2시간으로 공부 시간을 늘리면 늘린 만큼 성적이 오르고, 반대의 경우도 이와 마찬가지이다.

공부가 정직하다는 것은 사회생활을 하면 할수록 절실하게 느끼게 된다. 사회생활에 있어서 노력과 결과가 그대로 일치하는 경우가 드물기 때문이다. 이는 사회적 지위가 낮을수록 더욱 심각하다. 똑같이 1시간을 일하고 받는 돈은 사람마다, 직업마다 다르다. 이것은 불평등이 아니라 사회적 필요에 따른 평등 원리이다. 또한 노력만으로는 성과가 나타나지 않는 경우가 많다는 것을 부모들은 알고 있다. 이것은 사회적 관계가 공부만큼 단순하지 않기 때문이다.

공부를 하는 이유는 학생마다 다를 수는 있어도 열심히 하는 이유는 같다. 내가 노력한 만큼의 결과가 나오기 때문이다. 노력을 하고 시간을 투자하여도 성적이 정직하게 나오지 않는다면 공부를 시킬 사람도 없고, 공부를 할 사람도 없다.

8. 선제적 방어 방법이다

세상이 온통 가시밭길이라 하더라도 모든 상황에 대비하면서 살아갈 수는 없다. 미처 예측하지 못한 문제가 생겨 당황하게 만드는 것이 삶이다. 어떠한 상황에 처하더라도 흔들리지 않고 헤쳐나갈 수 있는 지혜는 간접적인 경험을 통하여 체득하는 수밖에는 없다. 즉, 앞서 경험하는 사람의 조언을 듣거나, 지난 경험을 통해 미리 예측하거나, 책을 통해 위기에 대한 면역력을 높여 놓는 것이 좋다.

세상의 모든 지혜는 책 안에 있고, 책을 통한 간접 경험은 이 세상 어떤 것보다 값지다고 할 수 있다. 또한 미래를 예측하고 위험을 선제적으로 방어하는 최선의 방법은 자신의 의도대로 미래를 만드는 것이다. 원하는 대학에 진학하고, 원하는 직업을 갖는다면 예측하지 못할 상황에 부딪힐 확률이 줄어들기 때문이다. 그러기 위해서는 미래에 대한 선택권을 본인이 쥐고 있어야 하며, 이러한 선택권을 가지기 위해서는 공부를 잘해야 한다.

뉴스를 통해 연예인 또는 운동선수들의 대학 진학이나 학위 수여 소식을 들으면, 현재의 생활만으로도 충분히 만족스럽게 살 수 있을 텐데 이들은 왜 공부를 하려고 하는지 궁금해진다. 왜냐하면 이들은 인기와 체력은 언젠가는 떨어진다는 사실을 잘 알고 있기 때문이다. 이들에게 있어서 공부는 지금 당장이 아니라 미래에 대비하는 의미가 강하다. 공부는 새로운 세상을 열어 주기도 하고, 위험을 알려 주기도 한다. 연예인과 운동선수들에게 공부란 미래에 대한 선제적 방어 방법인 것이다.

9. 재미있다

머릿속에 차곡차곡 쌓여가는 지식의 무게를 느끼게 되면 스스로를 대견스럽게 여기게 된다. 남이 모르는 지식을 쌓는 쾌감과 스릴이 있다. 공부는 낡은 하루를 버리고 새로운 하루를 맞이하는 일과 같다. 지루한 것을 억지로 재미있다고 말하는 것이 아니다. 재미있는 것을 모르고 무조건 지겹다고 말하는 것이 틀렸다는 것이다. 공부는 성적이라는 보상이 주어진다. 보상이 주어지면 그 과정 속에서 재미를 느낄 수 있으며, 하나하나 알아간다는 측면에서도 즐거움과 뿌듯함을 준다. 이러한 과정이 계속되면 공부가 게임보다 더 즐거울 수 있다. 자기가 좋아하는 게임이나 퍼즐을 공부에 응용해 보라. 퍼즐을 좋아한다면 국어나 영어는 직소 퍼즐처럼 단어로 퍼즐 조각을 맞추면 되고, 수학은 숫자를 이용하여 퍼즐을 만들면 된다. 탐험과 모험을 좋아한다면 공부는 정글이다. 헤쳐갈수록 새로운 문제가 괴롭힌다. 그 정글을 헤치고 나가는 재미가 공부에 중독되게 만드는 것이다.

공부는 무조건 재미없다고 말하는 사람은 등산에서 산 정상에 오르지 않고 중간에서 돌아오는 일을 반복한 사람과 같다. 한 번이라도 산 정상에 올라야만 왜 힘든 과정을 거치면서 정상에 도전하는지를 알 수 있다. 공부를 제대로 해 보지도 않고 지겹고 어렵다고만 하지 말고 한 번이라도 최선을 다하여 정상에 올라 보라. 공부에서 오는 성취감에 중독될 것이다.

10. 부모가 원한다

자식이 공부를 잘하기를 원하는 첫 번째 이유는 안정된 생활을 하기를 바라는 마음 때문이다. 자식이 성장하여 사회적으로 인정받고, 안정된 생활을 하기 위해서는 공부를 잘해야만 한다는 것을 경험한 부모로서는 자식이 공부의 필요성을 하루빨리 깨닫기 바란다.

이 세상에서 부모만큼 나를 위하는 사람은 없다. 그런 부모가 나에게 지금 원하는 것은 '공부'뿐이다. 나중에 성장하여 부모에게 효도할 생각을 하지 말고, 바로 지금 부모님이 원하는 것을 해 보자.

부모님께 받은 것을 돌려 줄 시간이 그리 많지 않다. 부모의 세월은 나의 세월보다 빨리 흘러간다. 부모가 원하는 것을 하면 부모를 기쁘게 할 뿐만 아니라 나에게도 도움이 된다. 그야말로 '꿩 먹고, 알 먹고'이다. 청소년 시기에 내가 가장 잘할 수 있는 것이 공부이고, 부모가 원하는 것이 공부라면 지금 당장 책상 앞에 앉아 공부를 시작하자.

Step 03

목표가 있는
공부습관의 첫 출발점

"초등학교 때는 1등을 놓치지 않았던 아이가 중학교에 와서는 왜 이렇게 성적이 떨어지죠?"

필자에게는 공부를 잘하던 아이가 갑자기 성적이 떨어진 원인을 찾기 위해 많은 부모님들이 찾아온다. 일반적으로 학습과정의 변화로 성적에 변화가 오는 시기는 초등학교 5학년, 중학교 1학년, 고등학교 1학년 때이다. 이때는 기존에 배우던 내용에서 한 단계 변형된 내용이 나오기 때문에 아이들이 어려워한다. 성적의 변화는 학습 내용의 변화로 인한 경우 외에 주변 환경이 변하였거나 사춘기 과정에 있을 때도 나타난다. 하지만 가장 큰 원인은 공부를 하는 '목표'가 없기 때문이다. 목표가 없이 공부를 하는 것은 '공부를 하는 이유'를 모르고 공부를 하는 것과 같다. 이는 학년이 올라갈수록 성적이 점점 떨어지는 원인으로 작용한다. 공부중독에 이르는 체계적 3단계 중 첫 번째 단계는 '목표가 있는 공부습관'이다. 아무 이유도 없이 산을 오른다면 따분하고 지루할 것이다. 어떤 이유든 목적이 있으면 산을 오를 때 힘이 되고, 산에 오르는 과정을 즐길 수 있다.

한국 학생은 왜 쉽게 포기하나 (조선일보 2008년 10월 11일자)

미국 명문대에 입학한 한인 학생 가운데 10명 중 4.4명이 중도에 학업을 그만 둔 것으로 나타났다. 재미교포인 김승기(39세) 씨는 컬럼비아대 사범대 박사 논문인 '한인 명문대생 연구'에서 1985~2007년 하버드와 예일, 코넬, 콜럼비아 등 14개 명문대에 입학한 한인 학생 1,400명을 분석한 결과 중퇴율이 44%에 달했다고 밝혔다. 유대인(12.5%), 인도인(21.5%), 중국인(25%)의 중퇴율보다 한인 학생의 중퇴율이 유독 높게 나타나는 이유는 무엇일까? 김 씨는 논문에서 "학부모들의 지나친 입시 위주의 교육방식이 한인 학생들이 중도에 학업을 포기하게 되는 주된 이유이며, 이는 학교생활과 미국 사회 진출에 걸림돌이 되고 있다."라고 분석했다.

한국 학생들은 왜 총력을 기울여 어렵게 들어간 대학교를 포기하는 것일까? 그 이유는 대학 진학 후 더 이상의 목표가 없어졌기 때문이다. 명문대 입학만을 지상 과제로 삼았기 때문에 원하는 대학에 입학한 후에는 더 이상 할 일이 없어진 것이다. 평소 간절하게 원하던 것도 내 손에 쥐어지면 금방 싫증이 나거나 힘이 빠지는 것과 마찬가지이다. 마음이 간절할수록 허무함은 빨리 찾아 온다. 어릴 적부터 짜여진 계획에 따라 공부를 하고, 대학에 들어가면 부모는 자신들의 역할은 끝났다고 손을 놓고, 아이들은 자신에게 주어진 자율적인 시간 앞에서 방향을 못잡고 방황하게 된다. 부모가 하라는 것 외에는 스스로 목표를 세우고 계획을 짜서 실천해 본 적이 없었기 때문이다.

초·중·고등학교 때부터 장기적인 목표라 할 수 있는 직업 또는 진로에 대해 충분한 시간을 갖고 진지한 계획을 세워 놓으면, 공부를 하는 이유도 분명하고 대학에 들어가서도 공부가 진행형이 될 수 있지만 공부를 하는 이유가 대학 진학이 전부라면 대학 진학 후에는 공부를 해야 하는 이유가 없어지는 것이다.

그러므로 처음에 공부를 하는 이유를 만들 때는 최상위에 직업적 목표를 올려 놓는 것이 좋다. 즉, 공부를 하는 최종 목표를 대학으로 삼는 것이 아니라 자신이 원하는 직업으로 삼아야 한다는 것이다. 눈앞에 닥친 입시가 급박하다고 하여 입시 공부에 시간을 전부 투자하면 대학 진학 후에는 길을 잃게 된다. 필자와 학생들의 상담 내용을 살펴 보면 공부에 관한 고민이 대부분을 차지하지만, 정작 자신의 진로 또는 삶에 대한 고민은 많지 않은 것을 알 수 있다. 하지만 진로에 대한 고민이 충분히 이루어지고, 이에 따른 계획을 잘 세워 놓으면 공부에 대한 고민도 상당 부분 해결되는 것을 알 수 있다. 공부뿐만 아니라 사회적으로 성공의 가능성을 높이기 위해서는 공부에 여유를 가져야 한다. 가끔씩은 나의 목표가 무엇인지, 목표 달성 후에 사회에서 어떠한 활동을 할 것인지, 지금 내가 목표에 어느 정도 다가갔는지를 살펴보고, 하늘의 별을 보며 공부하는 여유를 가져야 한다.

Step 04

목표 설정을
꼭 해야 하는 이유

목표는 내가 가야 할 길과 지금 해야 할 일을 알려 준다. 목표가 중요한
이유는 다음과 같다.

SECRET 목표 설정의 5가지 중요성

첫째, 자기관리와 시간관리에 있어서 판단의 근거가 되기 때문이다. 목
표가 있어야만 계획을 세울 수 있고, 계획은 자신의 노력과 시간을 어디
에, 얼마만큼 투자해야 할 것인지를 알려 주기 때문에 시간과 자원의 낭비
를 최소화할 수 있다. 청소년 시기에는 하고 싶은 일이 많다. 이 경우 목표

가 있으면 우선적으로 해야 할 일과 하지 말아야 할 일이 분명하게 드러난다. 학습 목표가 세워지면 계획, 실천, 행동 이외의 문제에 대한 갈등이 줄어 들고 생각과 생활이 단순해지는 것과 같은 이치이다.

둘째, 성공을 위한 출발점은 목표로부터 시작된다. 우연한 발견은 있어도 우연한 성공은 없다. 학습 목표를 갖게 되면 무엇에 집중해야 할 것인지를 알게 되고, 목표를 달성하고자 하는 의욕이 생기게 된다.

셋째, 어디를 향해 나아가야 할 것인지를 알려 준다. 목표가 없는 상태에서 공부를 하면 지루할 뿐만 아니라 장애물을 만났을 때 쉽게 포기하게 된다. 반대로 목표가 있으면 장애물을 만나더라도 도전할 마음이 생기게 된다. 만약 도전이 성공하면 이때의 경험을 바탕으로 목표를 향해 계속 나아갈 수 있다.

넷째, 인력의 법칙이 적용된다. 즉, '간절히 원하면, 스스로 그것을 끌어당기기 시작한다.'는 것이다. 목표에 대한 간절한 바람은 학생을 책상 앞에 오랫동안 앉아 있게 만든다.

다섯째, 정신적 건강을 유지한다. 목표는 목표 달성 시까지 정신적 긴장감을 유지하여 정신적 이탈을 예방하는 역할을 한다. 학습상담 시 의욕 없고 우울함을 호소하는 학생들의 공통점은 목표가 없다는 것이다.

학습 목표를 설정하는 방법

목표가 있다고 말하는 학생은 많다.

"앞으로 커서 무엇이 되고 싶니?"

"의사가 될 거예요."

"디자이너요."

"선생님이 되고 싶어요."

아이들마다 하나 이상의 대답을 한다.

가끔은 되고 싶은 것이 없다고 말하는 아이들도 있다.

"그것이 되고 싶은 이유는 무엇이니?"라고 물으면 대답이 갈라진다.

부모가 원하기 때문이라고 말하는 아이도 있고, 돈을 잘 벌기 때문이라고 말하는 아이도 있으며, 직업이 멋있어 보이기 때문이라고 말하는 아이도 있다. 자신의 미래에 대해 진지하게 생각하기에는 아직 이른 나이이기 때문에 이 아이가 자기 적성에 맞게 올바른 선택을 했는지를 판단할 수는 없다고 하더라도 한 가지 분명한 것은 목표가 모두 추상적이라는 것이다.

"그 직업을 갖기 위해서는 어떤 절차를 밟아야 하는지, 또 그 직업을 가지게 되면 어떤 일을 하는지 알아본 적이 있니?"라고 물으면 아이들은 십중팔구 머뭇거리게 된다. 생각은 해 보았지만 구체화시켜 본 적이 없기 때문이다.

목표를 세운 과정을 살펴보더라도 즉흥적이거나 다른 사람의 권유에 의한 것이 대부분이다. 이것은 목표라기보다는 희망 사항에 가깝다. 초등학교 저학년이라면 꿈만 가져도 괜찮지만 고학년으로 올라갈수록 조금은 구체적이어야 한다. 적어도 부모와 같이 그 직업에 대한 이야기를 해 보거나, 그 직업의 좋은 점과 나쁜 점, 그리고 그 직업을 가지기 위한 과정 정도는 알고 있어야 한다. 목표는 진지한 과정을 거쳐 시간을 두고 충분히 생각한 후에 만들어지는 것이지 그때그때의 기분에 따라 즉흥적으로 만들어지는 것이 아니다. 이러한 과정을 거쳐야 목표가 뚜렷해지고, 목표를 향해 나아갈 수 있는 추진력이 생기게 된다.

　학습 목표를 세우기 위해서는 먼저 자신이 원하는 직업적 목표를 세운 후에 학습 목표를 정해야 한다. 직업적 목표를 먼저 정해야만 학습 목표를 구체화할 수 있고, 어느 정도의 성적을 유지해야 하며, 어느 정도의 노력이 필요한지, 그리고 무엇을 준비해야 하는지를 알 수 있다. 그렇지 않고 무조건 1등을 하면 된다고 생각하는 것은 목적지도 없이 운전을 하는 것과 같다.

　앞으로 무엇을 해야 할 것인지 모르는 학생도 있다. 이런 학생은 자신에 대한 관찰을 선행하여 자신이 가장 잘하거나 잘할 수 있는 부분 중에서 목표를 정해야 한다. 자신감이 없는 아이 중에는 이렇게 미래에 대한 목표가 없는 경우가 많다. 그런 경우에는 자신감을 가질 수 있는 과정을 거치게 하거나 적성검사 등을 통해 자신의 미래를 알아보는 것이 좋다. 어떻게 살 것인지와 직업에 대한 계획이 장기적이고 큰 목표라면, 어떤 대학과 학과에 입학할 것인지는 중간 목표가 될 것이고, 다음 시험까지의 공부 계획은 작은 목표가 될 것이다. 중·단기적인 목표는 직업과 삶의 목표를 달성하기 위한 계획의 일부분이다.

Step 05

학습 목표를 설정하는 8가지 방법

학습 목표는 어떤 방법으로 설정하는 것이 좋을까? 다음과 같은 방법으로 학습 목표를 설정하면 최고의 학습 목표를 만들 수 있다.

첫째, 명확해야 한다. 막연히 '성적 향상'이라고 정할 것이 아니라 '전체 10등'처럼 누가 보더라도 이해할 수 있도록 수치화되어 있어야 한다. 목표가 명확하지 못하면 얼마만큼의 노력이 필요한지 알 수 없게 된다.

둘째, 가능성이 있어야 한다. 학습 목표는 현재의 자기 능력 범위 안에서 정해야 한다. 반에서 30등을 하는 아이가 두 달 이내에 전체 1등을 하겠다는 것은 무리한 목표이다. 목표가 실현 가능하면 그 목표를 이루기 위해 최선을 다하게 되지만, 목표가 실현 불가능한 것이면 의욕만 꺾이고, 좌절감만 생긴다.

셋째, 단계적으로 목표를 설정해야 한다. 너무 장기적인 관점에서 목표를 세우면 공부를 하면서 자신이 지금 목표에 어느 정도 접근하고 있는지 모를 수 있고, 반대로 단기적인 목표에만 신경을 쓰다 보면 자신이 무엇을 위하여 공부를 하고 있는지를 잊어버릴 수 있다. 따라서 장기적인 목표에는 반드시 중간 단계의 목표와 단기 목표를 정하고, 이를 달성했을 때 스스로에게 보상을 줌으로써 성취감을 느끼는 것이 좋다. 단기적 목표를 통한 작은 성공의 경험을 자주 경험해야만 자신감과 긴장감을 유지할 수 있다.

넷째, 목표는 도전적이어야 한다. 목표에는 도전적 의지가 반영되어 있어야 한다. 현재 상태에서 최선만 다하면 달성할 수 있는 목표를 설정한다. 목표가 쉽게 달성할 수 있는 것이면 노력을 게을리하고, 계획이 엉성해지며, 성취감도 느낄 수 없다. 성취감은 이처럼 목표 달성을 위해 노력하는 과정을 통해 얻어지는 것이다. 성공은 노력에 의해 성과를 냈을 때 성취감을 가질 수 있으므로, 목표는 일정 시간 동안의 노력이 동반되어야 한다.

자신을 자주 성공에 노출시키면 자신감과 목표를 잃지 않고 자신이 무엇을 향해 가고 있고, 현재 무엇을 하고 있는지를 분명하게 알 수 있다. 계속적인 성공 경험은 목표에 다가서는 데 많은 도움을 주며, 공부하는 재미를 계속 느끼게 해 주어 목표 달성을 앞당기는 원동력이 된다.

다섯째, 목표는 반드시 기간이 정해져 있어야 한다. 언제까지라는 기간이 없다면 긴장감이 떨어져서 최선을 다하지 않는다. 학습에 대한 장기 목표는 고등학교 졸업 시까지로 정하고, 중간 목표는 일 년 단위로, 그리고 단기 목표는 한 달 단위로 하면 긴장감을 유지하는 데 도움이 된다. 기간을 너무 짧게 잡으면 부담과 스트레스를 받게 되어 오히려 실패를 하게 된다.

여섯째, 목표는 유동적이어야 한다. 목표가 일관성이 있으면 좋겠지만 성장하면서 목표가 달라질 수도 있다. 가능하면 최종 목표를 변경하지 않는 범위 내에서 계획을 변경하는 것이 좋지만, 하나의 목표만을 고집하면 목표 자체가 스트레스가 될 수 있으므로, 어느 정도 변경의 여지는 남겨 놓는 것이 좋다. 목표를 변경할 필요가 있을 때는 충분한 대화를 거쳐 신중하게 결정하는 것이 좋다. 너무 자주 바뀌지 않는 한, 아이가 목표를 변경한다고 하여 아이의 끈기를 문제 삼지 않아야 한다.

일곱째, 목표는 글로 써서 가지고 다니거나 잘 보이는 곳에 붙여 놓아야 한다. 더 좋은 방법은 목표를 형상화한 사진이나 그림을 부착하여 수시로 목표 달성 의지를 다지는 것이다. 만약 선생님이 목표라면 선생님 관련 사진을, 의사가 목표라면 의사가 진료하는 사진을 책상 앞에 붙여 놓으면 의욕을 높일 수 있다. 미국의 대학에서 실험한 결과에 따르면 자신의 목표를 써서 갖고 다니는 사람은 그렇지 않은 사람에 비해 목표를 이루는 성공률이 훨씬 높았다고 한다. 목표를 쓴다(write)는 것은 반드시 이루고야 말겠다는 자기 신념을 표출하는 것이고, 목표를 더욱 명확하고 구체화시킨다는 장점이 있다.

여덟째, 목표는 손에 닿는 곳에 있어야 한다. 목표는 내 눈앞의 손에 닿는 거리에서 어른거려야 적극적인 노력을 기울이게 된다. 자신이 그 일을 이룰 수 있다는 가능성과 사실감이 있을 때 적극적으로 노력하지만, 너무 멀리 있으면 현실감이 떨어져서 긴장감이 없고, 지지부진해진다. 목표가 있더라도 지금 당장의 공부가 하기 싫은 것은 목표를 너무 멀리 또는 높게 잡아 현실감이 떨어지거나 실현 가능성에 의문을 품고 있기 때문이다.

Step 06

적성검사를 이용한 목표 만들기

SECRET
보석을 찾는 탐험

"내 아이는 책상에 앉아서 건성으로 책장만 넘기고 있어요. 친구들하고 놀다가 책상에만 앉으면 멍하니 딴생각만 하는 것 같아요."

현선(고1)이와 함께 상담을 하러 온 어머니의 말이다.

"현선 학생은 공부하는 것이 싫은가요?"

여학생은 시무룩한 얼굴로 고개를 숙인 채 말을 하였다.

"아니에요. 공부는 할 만해요."

"그럼 엄마의 말처럼 자신이 집중을 못한다고 생각하나요?"

"예, 집중하기가 힘들어요."

"왜 자신이 집중을 못한다고 생각하나요?"

"모르겠어요."

"그럼 학교 수업에는 집중이 잘되나요?"

"그냥 남들만큼은 한다고 생각해요."

"지금 가장 힘든 것은 무엇이죠? 아니면 고민은?"

"없어요."

현선이는 자신이 왜 이런 곳에 와서 이런 이야기를 나누어야 하는지 불쾌한 것 같았다. 일단 상담을 받는 자체가 싫고, 이런 저런 질문에 대답하는 것이 싫은 것이다. 다시 조심스럽게 물어 보았다.

"현선 학생의 꿈은 무엇이죠?"

"제가 무엇을 해야 하는지 모르겠어요. 저는 어릴 적부터 초등학교 선생님이 되고 싶었는데, 부모님도 그렇고, 학교 선생님도 저보고 의사가 되래요. 그래서 어떻게 해야 할지 모르겠어요."

현선이는 자신이 기다렸던 질문이라는 듯 처음으로 대답을 길게 하였다. 현선이의 꿈은 초등학교 선생님이 되어 아이들을 가르치는 것이고, 목표는 초등학교 선생님이다. 자신은 아이들이 너무 좋아서 선생님이 되고 싶은데, 부모님은 현선이가 수학과 과학을 잘하니 의사가 되라고 한다는 것이다. 현선이가 부모의 바람대로 의사가 될 생각을 안 해 본 것은 아니지만 의사 역할을 잘할 수 있을지 자신이 없다고 하였다. 지금 현선이는 자신의 꿈과 주위 사람들의 기대가 충돌하고 있는 상황에서 갈 길을 정하지 못하고 있는 것처럼 보였다. 현선이는 자신의 미래가 불확실하기 때문에 공부를 해야 하는 동기가 부족하고, 동기가 부족하니 책상 앞에 앉아서도 집중을 못하게 된 것이다.

보통 어떤 것을 검사하는 곳이라고 하면 대부분의 아이들은 부정적 생각을 먼저 한다. 심지어 지능검사나 적성검사를 한다고 하면 다른 사람에게 자신의 속을 내보이는 것 같은 느낌이 들어 거부를 하는 경우도 있다. 그래서 나는 검사라는 말 대신 '보석을 찾는 탐험'이라는 말을 주로 쓴다. "네 안에는 네가 생각하지 못한 어마어마한 보석이 숨어 있는데, 우리는 지금부터 그 보석을 찾는 탐험을 해 보려고 해. 만약 보석을 찾게 되면 그 보석을 너에게 선물로 줄게."라고 말한다.

　현선이에게는 홀랜드 진로탐색검사를 실시하였다. 홀랜드 진로탐색검사는 성격을 6개 유형으로 분류하여 각 성격에 맞는 직업과 학과를 알려 주는 적성검사 방법으로, 적성검사 현장에서 가장 많이 실시되고 있는 검사 방법 중의 하나이며, 신뢰도 또한 높은 것으로 알려져 있다. 현선이의 검사 결과는 '사회형'에서 가장 높은 점수가 나와서 현선이가 꿈꾸었던 적성 유형과 일치하는 것으로 나왔다. 현선이는 선생님이 적성에 맞는 것이다. 검사 결과를 말해 주자 현선이는 뛸 듯이 기뻐했고, 어머니는 실망하는 빛이 역력했다. 필자는 현선이의 어머니에게 앞으로 현선이를 믿고 공부를 맡긴다면 걱정할 것이 없을 것 같다는 말을 하였다. 현선이가 이제 자신의 진로에 대한 확신을 가졌기 때문에 책상 앞에서 집중하는 모습을 볼 수 있을 것이라는 말도 덧붙였다.

불편함은 새로운 것을 만든다

　'아가'라고 불리는 고등학교 1학년 남학생이 있었다. 이 학생은 다른 학생과는 달리 아버지와 어머니가 함께 상담을 하였는데, 부모가 옆에 앉아서 '아가, 아가' 하며 모든 것을 챙겨 주고, 학생이 대답을 할 차례임에도 부모가 대신 대답을 하였다.

"내 자식이라서 하는 말이 아니라 우리 아가는 정말 착해요. 이제까지 한 번도 속을 썩인 적이 없고, 말썽을 피운 적도 없어요. 사춘기도 왔는지 갔는지도 모르게 지나간 것 같아요."

어머니가 먼저 말을 하였다.

"저도 남자지만 진영이처럼 순한 아이는 없을 거예요. 아직 한 번도 내 말을 거부한 적도, 반항한 적도 없어요. 운동도 잘하고, 공부도 잘하고, 방학 때는 뉴질랜드로 영어 연수를 다녀왔는데 영어 실력이 많이 향상된 것 같아요. 우리 아가에게는 무엇 하나 바랄 것이 없는데, 오직 하나, 앞으로 무엇을 하겠다는 욕심이 없어요. 지금이야 우리가 먹여 살리지만 나중에는 스스로 살아가야 하는데 하고 싶은 것이 없다니 걱정이에요."

옆에 있던 아버지가 걱정스럽다는 듯이 말했다.

"성적은 어떤가요?"

"중학교에 비해 조금은 떨어졌지만 아직은 상위권을 유지하고 있어요."

아가라고 불리는 진영이는 부모와 내가 주고받는 대화를 옆에서 차분히 듣고 있었다. 이렇게 큰 학생에게 아가라 부르는 것이 우습기도 하고, 과잉보호가 아닌가 하는 걱정도 들었지만, 4대 독자이자 늦게 얻은 자식이라는 말을 들으니 '그럴 수도 있겠구나'하는 생각이 들었다.

"진영 학생이 꿈이 없다고 부모님이 말씀하시는데 정말로 꿈이 없나요? 앞으로 하고 싶거나 어떤 직업을 갖고 싶다거나 하는 것이 없나요?"

나의 질문에 진영이는 한참을 생각하다 말을 하였다.

"예, 하고 싶은 일이 없어요. 이대로 부모님과 같이 계속 살았으면 좋겠어요."라고 단호하게 말을 하였다.

"그래도 언젠가는 부모님도 이 세상에 안계시고, 진영 학생도 자신의 가정을 가질 텐데, 그때는 어떻게 살 거죠? 무엇으로 돈을 벌어 가족을 먹여 살릴 거죠?"

그러자 진영이는 기겁을 하며 말하였다.

"부모님이 왜 죽어요? 저는 결혼도 하지 않고 부모님과 같이 살 거에요."

모든 것이 갖추어진 상태에서는 새로운 것에 대한 도전 의식이 생겨나지 않는다. 즉, 불편함이 새로운 것을 만드는 것이다. 지금의 상태가 안정되고, 편안하고, 불만이 없다면 오히려 새로운 것이 불편하게 느껴진다. 진영이는 4대 독자로서 보호받고, 대우받는 현 상태에서 벗어나고 싶지가 않다. 진영이뿐만 아니라 상담을 하는 많은 학생에게서 느끼는 것은 '변화에 대한 두려움'이다. 핵가족화되면서 자식 하나하나에 온 정성을 기울이다 보니 자식의 입장에서 보면 이보다 더 큰 행복은 없다. 그런데 불투명하고 불안한 세계에 대비하라는 말은 지금의 생활을 포기해야 할지도 모른다는 공포를 안겨 준다. 그렇기 때문에 아이들은 새로운 환경을 거부한다. 가끔은 이러한 자식의 반응을 부모를 끔찍하게 생각하는 효자의 모습으로 오해하는 경우도 있지만, 이는 분명히 독립심이 없는 것이다.

진영이에게는 삶에 있어서 변화는 당연한 것이며, 지금 어떻게 행동하느냐에 따라 미래가 달라진다는 것을 알려 주어야만 했다. 이에 관해서는 별도의 상담 시간을 갖기로 하고, 당장은 진영이가 미래에 하고 싶은 일을 만들어 주는 것이 급선무였다.

"지구에는 60억 명의 인구가 살고 있어요. 이들은 각자 자신의 존재 가치를 갖고 있지요. 이 존재 가치를 선생님은 '보석'이라고 불러요. 진영이 안에도 분명 보석이 숨어 있을 거예요. 원래 보석은 세상 밖에 나와 있는 것이 아니라 땅속 깊은 곳에서 사람의 눈을 피해 숨어 있죠. 진영이 안에 어떤 보석이 숨어 있는지 모르지만 남의 것이 아니라 진영 학생만의 것이니까 한번 찾아보도록 해요. 만약 스스로 찾지 않으면 영원히 못 찾아요. 그렇게 사라지면 너무 억울하지 않을까요? 부모님이 아들에게 보석을 주었는데, 이를 적극적으로 찾지 않고 그냥 땅속에 묻어 두면 보석은 있으나 마나 한 것이 되고, 보석의 가치는 영원히 사라지게 되지요. 보석을 찾는 것도 중요하지만, 갈고 닦아서 빛을 내야만 세상 사람들이 서로 가지려고 덤벼드는 법이에요. 오늘은 선생님과 같이 진영이 안에 있는 보석을 찾아보도록 해요. 그 보석을 찾으면 진영이도 궁금해 하는 자신에 대해 자세히 알 수 있을 거예요."

진영이는 '보석'이라는 말이 정확히 무엇을 뜻하는지 모르는 눈치였지만 재미있다는 말에 홀랜드 검사지를 집어 들었다.

결과가 나오는 날 진영이는 검사 결과가 가져올 변화에 대해 불안한 표정으로 부모의 눈치를 살피며 결과지를 보지 않고 듣기만 하였다.

"진영이는 앞으로 컴퓨터 프로그래머가 될 수도 있고, 경제를 분석하는 사람이 될 수도 있는 보석을 가지고 있어요. 본인이 원하면 판사나 검사, 변호사도 될 수 있고요. 자신이 이 직업 중의 하나를 가진다면 성격에 잘 맞기 때문에 재미있을 거예요. 부모님도 원하고 있고요."

그때까지 별 반응이 없었던 진영이는 결과지를 보면서 관심을 보였다. "경제를 분석하는 사람이 뭐지요? 저도 가끔은 그런 사람이 되면 좋겠다는 생각은 해 봤어요. 그리고 어떤 때는 약한 사람을 돕는 사람이 되고 싶기도 한데, 변호사가 되면 그런 일을 할 수 있겠죠?"

"경제를 분석하는 사람이 되기 위해서는 어떤 과정을 거쳐야 하죠? 선생님은 어떤 것이 저한테 더 잘 맞는 것 같아요? 이것을 하려면 엄청나게 공부를 해야 하지 않나요? 어느 대학이 유명하죠?"

"저는 운동을 좋아하는데, 운동을 하면서 이것을 할 수 있을까요?"

진영이는 새로운 사실에 대하여, 그리고 관심을 끄는 직업에 관한 질문을 끊임없이 쏟아내기 시작하였다.

진영이에게 있어서 홀랜드 검사는 새로운 세상을 열어 주는 역할을 하였다. 자신의 앞날에 관심을 갖고 흥미로운 일을 찾은 것이다. 이제 진영이는 목표를 갖고 공부를 할 것이고, 공부를 하는 이유를 갖게 되었으므로 지금보다 재미있게 공부를 할 것이다. 진영이는 이제 자신의 꿈과 목표를 가지게 된 것이다. 진영이에게는 현재의 잘못된 생각을 고치려 설득하려 하기보다는 미래에 대한 비전을 보여 주고 설명한 것이 효과가 있었다. 여기서 변화의 필요성만을 강조했다면 마음의 문을 닫을 수도 있었을 것이다.

필자는 이렇듯 간단한 검사 하나가 공부에 관한 여러 문제를 해결하는 경우를 많이 보아 왔다. 많은 부모와 학생이 진로에 대해 고민할 때 적성검사는 안개와 같았던 앞날에 길을 제시해 주고, 고민을 해결해 주는 하나의 방법이라고 할 수 있다.

고민과 걱정의 시간에 비하면 길을 찾는 시간은 짧다. 단지 찾지는 않고, 고민만하기 때문에 멀게만 느껴지는 것이다.

Step 07

지능검사를 이용한
목표 만들기

지능이 공부에 영향을 끼치는 것은 당연하다. 그러나 지속적으로 성적을 좌우하는 요소는 아니다. 보통 초등학교 5학년 정도가 되면, 지능보다는 노력이나 집중력, 학습전략 등의 요소가 성적을 좌우하게 된다.

부모가 지능이 높다는 이유로 아이에게 용기를 주는 것은 단기적으로는 효과가 있을지 모르지만, 공부를 지능에 의존하게 하거나 지능과 성적을 관련시키는 것은 옳지 않은 방법이다. 예를 들어 노력은 하였지만 원하는 만큼의 성적이 나오지 않아서 고민을 하고 있는 아이에게 '너는 머리가 좋으니까 공부를 잘할 거야' 정도는 괜찮지만, 성적이 잘 나온 후에 '너는 머리가 좋아서 공부를 잘해'라고 말하는 것은 아이에게서 노력이 얼마나 중요한지를 깨닫지 못하게 하는 결과를 초래한다. 지능이 높은 아이들이 중학교나 고등학교에 들어가서 성적이 하락하는 원인 중의 하나는 지능만 믿고 공부를 했기 때문이다. 어떠한 경우이든 노력과 성적의 비례 관계를 인식시키고, 지능은 아이가 위기에 빠졌을 때 약으로만 사용하는 것이 좋다. 가끔은 부모가 지능과 성적은 비례한다는 맹신에 빠져서 성적 하락의 이유를 지능에서 찾는 경우도 있지만, 공부를 잘하고 못하는 데는 지능이 차지하는 비중이 생각보다 작다는 것을 명심해야 한다. 더욱이 상급 학교로 진학할수록 그 비중은 축소된다.

지능검사는 병적 원인을 찾는 경우와 능력의 종류를 찾는 경우에 주로 사용되지만, 또한 아이에게 목표와 용기가 필요할 때도 사용된다. 요즈음의 지능검사는 지능을 하나의 숫자로만 보여 주는 것이 아니라 몇 가지로 세분화하여 보여 주기 때문에 전체적으로는 지능이 떨어져도 어느 부분에서 뛰어난 능력을 가지고 있는지를 알 수 있으며, 반대로 전체적인 지능은 높지만 어느 부분에 부족한 점이 있는지도 알 수 있다.

그러므로 지능은 목표가 없는 아이에게 자신의 능력과 장점을 알려 주거나 목표를 만드는 데 도움을 준다. 지능 검사 결과 나타난 장점을 자신의 특성으로 간주하여 그 특성을 바탕으로 목표를 세우고 공부를 하는 이유를 만드는 것은 목표가 없는 아이들에게는 좋은 방법이다.

부모가 아이에게 용기를 주기 위해 부모가 어떤 말을 하여도 아이가 신뢰를 하지 않는 경우가 있다. 그 이유는 아이가 자신을 위로하기 위하여 지어낸 말이라고 생각하기 때문이다. 이런 경우에 지능검사를 실시하면 신뢰도가 향상된다. 요즈음 아이들은 숫자에 약하다. 말로 하는 것보다는 숫자를 제시하는 것이 신뢰도가 높다. 개별검사로서 가장 많이 사용되는 웩슬러 지능검사는 지능을 하나의 숫자로만 보여 주는 것이 아니라 상식, 공통성, 산수, 기호 쓰기, 동형 찾기 등 13가지로 세분화된 구성 요소를 통하여 아이의 장단점을 보여 준다. 평균 점수가 높다 하여 무조건 좋은 것이 아니라 구성 요소 중에 일부에서 심한 저점을 보인다면 정밀한 검사와 상담을 필요로 한다. 장점이라고 생각되는 부분을 살린다면 아이가 잘할 수 있는 분야로 진출하는 길을 열어 줄 수 있는 것이다.

용백이는 '자신은 아무것도 할 수 없는 무능력자'라고 믿는 학생이었다. 맞벌이 부부의 맏이로 태어나 부모의 많은 기대를 받았지만 그 기대가 지나쳤기 때문이다. 아빠는 사법고시를 몇 번 실패한 후에 지금의 직장에 들어갔고, 자신이 못 이룬 꿈을 용백이가 이루어 주기를 내심 기대하고 있었다. 하지만 용백이는 과학자가 되는 꿈을 가지고 있었다.

부모의 과도한 기대는 아이를 무능력하게 만든다. 아이들은 부모의 기대를 알아도 자신이 하기 싫거나 할 수 없다고 생각할 때는 부모가 생각한 이상의 스트레스를 받으며, 심하면 육체적 고통을 호소하는 경우도 있다.

용백이의 경우에는 아빠의 기대에 부응할 수 없다고 생각하고, 자신에게 기대할 수 없을 만큼 스스로를 무능력한 상태로 만들었다. 아빠 앞에서는 공부를 하는 것처럼 보였지만 그것은 아빠가 집에 있을 때뿐이고 아빠가 안 보이면 게임에 열중하거나 만화만 보았다. 학원은 빠지지 않고 다녔지만 수업은 건성으로 들었다.

아빠는 열심히 공부하는 용백이의 모습에 비해 성적이 낮은 원인은 학원이나 학교에 있다고 보고, 다른 학원이나 유명하다는 과외 선생님을 찾는 데 주력했다. 어린 용백이는 아빠로부터 지속적인 스트레스를 받고 있었지만 아빠의 기대가 부담스럽다는 소리를 이제까지 한 번도 해 본 적이 없었다. 용백이는 '아빠'라는 단어만 들어도 도망가고 싶다고 할 정도로 아빠에 대한 뿌리 깊은 불신을 가지고 있어서, 공부보다 먼저 아빠와의 관계 회복이 필요했다. 이에 관해서는 아빠가 참석하여 별도의 상담을 하기로 하였다.

용백이에게는 능력의 기초 체력이라 할 수 있는 지능을 통하여 자신감을 회복하고 목표를 세워 줄 필요가 있었다. 아빠와의 관계에서 스스로를 무능력 상태로 만들었지만, 그 기간이 길어지다 보니 목표도, 자신감도 없어졌기 때문이다.

지능은 사람이 가지고 있는 능력의 유무를 단시간 내에 알려 주는 기능도 있다. 지능이 지극히 낮아서 장애의 정도가 아닌 이상 보통의 지능을 가지고 있으면 세상 어떤 일도 할 수 있는 가능성을 가지고 있는 것이고, "너는 무엇을 할 수 있다."는 말로 위로하는 것보다는 결과 분석과 수치로써 보여 주면 쉽게 이해할 수 있다. 말은 보이지 않고, 보이지 않는 것에는 신뢰를 갖기 힘들며, 어린 학생에게는 더욱 그렇다.

용백이의 경우에는 몇 개의 하위 구성 요소에서 점수 간 편차가 나타나기는 했지만 평균 정도의 지능을 가지고 있었다.

사회적 상식 부분에서 낮은 점수가 나온 것은 다른 아이들과 어울려 살지 못하고 어른의 생각으로 살았기 때문이다. 아빠의 기대는 아이를 아이답지 못하고 어른처럼 생각하게 만들었고, 용백이는 그렇게 생활을 하다 보니 평범한 아이들이 당연히 알고 있는 상식을 놓치고 생활을 한 것이다.

용백이에게는 가능성이 있었다. 그리고 장점이라 할 수 있는 부분도 있었다. 수리 계산 부분의 높은 점수는 용백이에게 과학적 능력이 있음을 알려 주었다. 용백이는 초등학교 저학년 때는 과학대회에 나가서 상도 받은 적이 있다고 말하면서 장래에 과학자가 되어 우주 여행을 하고 싶다고 말했다.

"그래, 너는 과학자가 될 거야. 이런 능력을 가지고 있는데도 못한다면 선생님이라도 억울할 거야. 다음에 아빠가 오시면 너의 능력을 선생님이 말할 테니 너도 너의 꿈을 아빠에게 꼭 말씀드리자."

"예, 선생님. 꼭 말할게요."

"용백이는 용기가 있으니까 아빠에게도 말을 잘할 거야. 과학자가 되겠다고 아빠에게 말씀드리면 아빠도 너를 적극적으로 도와 주실 거야."

용백이는 꿈이 없었던 것은 아니지만 잠시 잊고 있다가 지능검사를 통하여 다시 꿈을 갖게 된 경우이다. 필자의 경험에 의하면 대부분의 부모는 자신의 꿈을 아이에게 전가하여 대리 만족을 얻으려 한다. 하지만 아이는 아이다. 그런 뜻을 알기에는 부족하고, 알아서 노력을 한다 할지라도 부모를 만족시킬 만큼은 하지 못한다.

Step 08

아이가 가장 잘할 수 있는 것을 목표로 정한다

적성검사나 지능검사를 하지 않더라도 아이의 장점을 알고 있다면 이를 활용하여 목표를 설정하는 데 도움을 줄 수 있다. 아이를 객관적으로 파악할 수만 있다면 아이에 대하여 가장 많이, 그리고 정확히 알 수 있는 사람은 부모라고 할 수 있다.

모든 아이들은 자신만의 특성을 가지고 있다. 따라서 아이가 좋아하고 잘한다고 생각하는 것에서 특성을 찾으면 된다.

천재성이나 영재성만을 아이의 특성으로 인정하거나 찾아서는 안된다. 여기서 '특성'이란 아이가 보여 주는 여러 행동과 성질 중에서 주된 성격을 찾는 것이지 아주 특별한 능력이나 돌발적인 행동을 찾는 것이 아니다. 평범한 아이는 평범한 행동 속에서 특성을 찾아야 한다.

부모 중에는 평범한 아이를 영재로 오해하거나 아이가 가진 능력 이상의 기대로 아이들을 힘들게 만드는 경우가 있다. 이는 아이의 덩치에 맞지 않는 커다란 옷을 입히고, 아이에게 맞다고 우기는 것이나 같다. 아이가 똑똑하든 평범하든 각자에 맞는 옷을 입었을 때가 가장 편안하고 활동하기도 좋으며, 건강한 것이다.

특별한 장점이 없다면 아이가 재미있어 하는 것 중에서 찾을 수도 있고, 칭찬을 통하여 만들 수도 있다. 장점도 없고, 재미를 느끼는 것도 없고, 칭찬도 소용없더라도 아이가 가지고 있는 모든 성질 속에서 목표를 찾아야 한다. 아이에게 나쁜 것은 없다. 부모가 나쁘게 볼 뿐이다. 거짓말을 아주 그럴싸하게 하는 아이는 이야기 구성 능력이 좋다. 싸움을 잘하는 아이는 자존심이 강하다. 질투가 많은 아이는 경쟁심이 강하다. 밖으로 돌아다니는 아이는 사교성이 좋다. 눈치를 잘 보는 아이는 예민하고 섬세하다. 눈물이 많은 아이는 감정이 풍부하다. 문제를 문제로만 볼 것이 아니라 긍정적 시각으로 바꾸어 아이를 긍정적인 방향으로 안내하면 아이는 잘 따라온다. 아이에게 칭찬의 효과를 기대한다면 부모에게는 긍정의 효과를 기대한다.

그리고 아동기 또는 청소년기에 일어나는 불량스런 행동은 병적인 상태나 계속 반복되는 것이 아니라면 누구나 한 번쯤 겪는 통과 의례에 해당하므로, 너무 확대 해석하여 아이에게 상처를 주는 일이 없어야 한다. 야한 동영상을 보는 것은 건강한 신체를 가지고 있다는 증거이며, 돈을 훔치는 것은 경제적 개념이 형성되었다는 것을 보여 주는 증거라고 할 수 있다. 이때 아이가 수치심을 느낄 정도로 질책을 하면 깊은 상처가 될 수 있으므로, 슬기롭게 대처해야 한다.

장점을 목표에 연결시키기 위해서는 가장 먼저 아이가 지닌 장점을 알려 주어야 한다.

　　아이들은 자신의 장점을 알려 주면 칭찬을 받은 것처럼 기뻐하고 은근히 자신감을 갖게 된다. 그리고 장점을 분석하여 미래의 직업이나 꿈, 그리고 목표와 연결시켜 아이의 흥미를 유도해야 한다.

　　아이가 흥미를 느낄 때까지는 공부 이야기를 가급적 하지 말고, 목표를 세운 후에 그에 관한 질문이 나올 때까지 기다려야 한다. 아이가 목표 달성 방법에 관해 질문을 하면, 누구나 할 수 있는 사소하고 일상적인 예를 들어 설명하는 것이 좋다. 공부를 꼭 해야 하고, 잘해야 한다고 말하면 아이는 뒷걸음질을 칠 것이다. 재미를 느낄 때까지는 천천히 다가가야 부담이 없고, 재미를 느끼면 스스로 찾아서 하게 되는 것이 공부이다.

Step
09

아이가 하는 일에
관심을 보이면
아이가 목표를 만든다

아이가 무엇을 하고 있든 부모가 관심을 보이면, 아이는 자기가 하는 일을 더욱 잘하기 위해 노력할 것이고, 부족한 부분에 대해서는 스스로 보충해 나갈 것이다. 이처럼 자신이 하고 있는 일에 누군가 관심을 보이면 힘을 얻는다. 부모의 계속적인 관심은 아이를 긍정적으로 자극하여 조금 더 어려운 일을 찾아서 도전하도록 만들고, 이러한 일의 반복은 계속 새로운 목표를 만드는 기회를 제공한다.

공부를 할 때만 관심을 표현하면 자신이 공부를 할 때만 부모들이 관심을 보인다는 것을 알아챈다. 이 경우 부모의 관심을 끌기 위하여 공부를 하는 아이도 있겠지만, 심술을 부리거나 반항을 할 때 공부를 무기로 삼는 아이들도 있다.

가능하면 가족 모두가 관심을 나누는 것이 좋다. 주말에는 가족 전체가 함께 쇼핑을 하거나 운동을 하면서 일정한 생활 리듬을 공유하고, 아이에 대해 NO보다는 YES가 많은 가족을 만들며, 가족 전체가 모여 고민을 나누면 서로에 대한 긍정적 마음을 전달할 수 있다.

학습과 관련하여 부모가 아이에게 관심을 표현하는 방법 중의 하나는 호기심이다. 공부를 하고 있는 아이에게 호기심을 갖고 접근을 하면 아이들은 학습에 재미를 느끼고, 능률이 오르며, 목표가 상향된다. 부모는 아이가 호기심을 가질 만한 것을 적극적으로 개발하고 제공해야 하지만, 아이가 하는 공부에도 호기심을 보여야 한다. 아이들이 하는 공부의 대부분은 부모가 다 알고 있는 내용이다. 아이가 하는 공부의 답을 안다고 해서 아는 사실을 미리 아이에게 알려 주려고 하면 공부에 흥미를 잃거나 간섭으로 오해할 수도 있다.

오히려 아이의 학습에 관여하지 못할 정도의, 조금은 무식한 부모가 아이를 창의적으로 만든다. 알아도 모르는 것처럼 호기심을 갖고 접근해야 한다. '이것은 어떻게 푸는 거니?', '엄마는 이렇게 생각했는데 너는 엄마보다 더 잘 알고 있구나', '엄마는 이해가 안 가는데 너는 왜 이렇게 되었는지 알고 있니?'라고 말한다면, 아이는 자신이 알고 있는 것을 알려 준다는 사실에 신이 날 것이고, 그 후에는 좀 더 깊이 있게 알려고 노력할 것이다. 이 호기심이 작은 불씨가 되어 아이의 특기를 만들어 주고, 목표를 세우게 해 준다.

아이에게 관심이 필요하다는 사실은 어떤 부모든지 잘 알고 있다. 하지만 부모도, 아이들도 모두 바쁘다 보니 까마득하게 잊고 지낸다. 부모의 관심이 부족해도 아이들이 살아가는 데는 별다른 이상이 생기지 않는다. 하지만 지속적이고 자그마한 관심이 자녀의 성격, 생활, 학습을 좌우한다는 것을 명심해야 한다. 오늘부터라도 실천 가능한 관심 표현 수단을 찾아서 지속적으로 유지하기 바란다.

또한 관심은 간섭 또는 참견과는 구별되어야 한다. 관심이 사랑의 표현이라면, 간섭은 부모 이기심의 표현이다. 관심이 믿음과 보살핌이라면, 간섭은 불신의 개입이다. 관심이 긍적적 시각과 신뢰의 표현이라면, 간섭은 부정적 시각과 불신의 표현이다. 아이들은 끝없는 관심을 요구하면서도 간섭에는 신경질적인 반응을 보인다. 특히, 사춘기의 아이들은 이러한 관심을 관찰이나 간섭으로 오해하는 경우가 많으므로, 똑같은 말과 행동도 상황에 맞게 해야 한다.

공부를 하고 있는 아이에게 '와! 이런 것도 할 줄 아는 걸 보니 이것도 잘 하겠구나' 하는 것은 관심이고, "이런 것은 이렇게 하는 거야."라고 하는 것은 간섭이다.

Step 10

꿈에 대한 이야기를
많이 나누어라

"꿈을 가진 자는 말이 다르며, 목표를 가진 자는 행동이 다르다."

아이에게 공부에 대한 이야기를 많이 한다고 해서 아이가 공부를 잘하는 것은 아니지만, 꿈에 대한 이야기를 많이 하면 아이가 공부 계획을 세우는 모습을 볼 수 있을 것이다.

꿈은 공부에 대한 필요성을 만들어 주는 효과가 있다. 자신의 꿈을 이루기 위해, 자신의 필요에 의해 목표를 세우고 공부를 찾는 것이다. 삶의 목표와 관련된 이야기를 자주 하여 아이에게 꿈을 갖게 하면, 이와 관련된 모든 것을 긍정적이고 우호적으로 이해하여 공부에 대한 부담을 덜게 된다.

또한 가능성이 없는 꿈은 꿈일 뿐이지만, 꿈에 대한 가능성을 열어 주면 언제든지 목표를 세우기 시작할 것이다. 목표를 세우고 계획한다면 꿈은 현실이 된다. 꿈은 구체적 목표를 세우기 위한 하나의 기둥이다.

꿈 아래에는 꿈을 달성하기 위한 큰 목표와 중간 목표, 그리고 세부적인 목표가 있다. 어떤 아이가 자신은 검사가 되어 나쁜 사람을 혼내 주는 것이 꿈이라고 말한다면, 검사로서 나쁜 사람을 혼내 주는 것이 꿈이고, 검사가 되는 것이 장기 목표이다. 또한 사법 시험에 합격하는 것, 법대에 입학하는 것 등, 세부적인 목표로는 오늘과 내일의 공부와 성적 관리 등을 들 수 있다. 이렇듯 꿈은 삶에서 목표를 만들고 이끄는 출발점이 된다.

검사가 되고자 하는 아이가 공부를 하지 않을 때 대부분의 부모는 '공부 좀 해라', '그래서 검사가 되겠느냐', '검사 말고 다른 것을 생각해 봐라', '꿈 꾸지 마라' 등과 같이 공부에 관련된 이야기를 주로 할 것이고, 검사는 꿈일 뿐이라면서 아이를 무시할 것이다. 그러나 꿈을 현실화시키는 부모는 약간의 노력만으로도 아이의 꿈을 이루도록 한다. 여기서 약간의 노력이란, 아이가 공부를 하지 않을 때의 고민이나 노력에 비하여 훨씬 낮은 정도의 노력을 말한다.

먼저 아이의 적성이나 성격이 법조인에 맞다면 아이와 함께 법원에 가서 검사가 일하는 모습을 직접 보여 준다. 아이가 아는 상식은 대부분 텔레비전이나 영화, 책 정도에서 수준일 것이므로, 실제 검사의 모습을 본다면 더 강한 욕구가 생겨날 것이다.

또한 예비 검사 명함을 만들어 주면 독립성, 소속감을 생기게 하고, 자부심도 갖게 할 뿐만 아니라 목표도 뚜렷해진다. 집안에서 '영감님' 또는 '김 검사님'이라고 불러 보라. 처음에는 멋쩍어 하지만 이를 계속 반복하면 자신이 검사가 된다는 것을 당연시 여기게 된다. 검사로서의 모습으로 하루를 살게 하는 것도 좋고, 모의 법정을 만들어 검사의 역할을 맡겨 보는 것도 좋다.

검사가 되는 것이 당연하고 친숙한 일이 되면 아이는 검사가 되는 방법을 궁금해 할 것이다. 이때 '죽도록 공부해야 검사가 된다.'라고 하면 아이는 꿈을 포기할지도 모른다. 사실 검사가 되기 위해서는 많은 공부가 필요하지만, 나이에 맞는 강도로 이해시켜야 한다.

검사는 사람을 이해하고 사랑하는 것이 우선이며, 국가를 대신하여 죄에 형벌을 부과하는 일을 하므로 법에 대한 많은 이해가 필요하다는 것을 말해 주고, 적당한 범위의 학습 목표를 설정해 주어야 한다. 여기서 적당한 범위란, 아이가 충분히 달성할 수 있을 정도의 목표값을 말한다.

그리고 목표값을 달성하였을 때는 검사가 되어가고 있음을 과장하여 축하해 주고, 다음 목표를 정해 준다. 작은 목표를 달성할수록 아이는 자신감이 쌓여 공부를 가까이 하게 되고, 작은 성공을 자주 경험하면 큰 목표를 만나도 두려워하지 않는다.

꿈을 목표와 연결시켜 현실화하는 데는 부모의 역할이 크다. 하루 빨리 성적이 향상되기를 바라는 조급한 마음을 버리고 서서히, 인내심을 가지고 겸허한 자세로 아이를 대하면, 아이는 목표를 세우고 공부할 자세를 갖출 것이다.

공부에 빠져들다.
공부에 빠져들다.
공부에 빠져들다 공부중독 공부에 빠져들다.
공부에 빠져들다.

PART. 3

꿈을 이루는
공부습관
《 자신감 있는 공부습관 》

Step 01

공부에 있어서의
자신감

2008년 가을, MBC에서 방영한 '베토벤 바이러스'라는 드라마를 보고, 사람들은 지휘자 강마에에게 열광하였다. 탤런트 김명민의 극중 역할이었던 강마에는 재능보다는 노력을 통해 최고의 자리에 오른 인물이다. 강마에는 어린 시절부터 천재적 재능을 가진 친구에게 열등감을 느끼고 노력에 노력을 거듭하여 정상의 자리에 오른 지휘자이다. 지난 날 자신의 노력에 대한 보답은 지독한 독선으로 표현되었다. 강마에는 실력이 모자란 단원은 음악을 그만 두게 만들거나 정신병자를 만드는 괴팍한 성격 탓에 한 곳에서 지휘를 못하고 이곳저곳을 떠돌며 지휘를 한다. 그럼에도 불구하고 시청자들은 강마에를 지지한다. 착한 남자보다는 나쁜 남자를 선호하는 '나쁜 남자' 신드롬 때문이다. 비사회적이고 안하무인격인 행동에도 불구하고 왜 강마에는 사람들의 지지를 받고 있는 것일까? 그것은 완벽함 뒤에 숨어 있는 인간적인 면과 자신의 실력을 믿는 자신감에 있다. 그는 자신의 실력을 의심하는 것을 용서하지 않는다.

자신의 권위에 도전하면 가차 없이 매장시킨다. 자신의 실력을 믿기 때문이다. 나쁜 사람이지만 그것을 희석시키고도 남는 실력 때문에 사람들은 그를 용서하고 좋아하는 것이다.

공부에 있어서의 자신감이란, 나에게는 목표로 하는 공부의 수준 또는 성적을 달성할 수 있는 실력이 있다는 '나의 학습 능력에 대한 믿음'이다. 나의 목표가 전체 50등이든 1등이든 상관없이 나에게는 50등이나 1등을 할 수 있는 실력이 있다는 믿음이다.

공부중독에 빠져드는 체계적 3단계 중 두 번째 단계가 '자신감이 있는 공부습관'이다.

자신감을 가진 자는 '공부의 주인'으로서 공부를 자기 뜻대로 움직일 수 있으며, 자기가 가고자 하는 길을 걸을 수 있다. 자신감은 목표를 향해 전진하고 학생이 목표에 도달할 때까지 밀고 당겨 주는 힘이다.

또한 자신감은 공부에 있어서 현금처럼 쓸 수 있는 자산이다. 도전을 할 때마다 내가 필요로 하는 것을 꺼내어 쓸 수도 있고, 슬럼프에 빠졌을 때는 빠져 나올 수 있는 힘도 되어 준다. 공부에 대한 자신감이 많을수록 풍요롭고 여유로우며, 성적이 조금 떨어졌다고 해서 호들갑을 피우지도 않는다.

공부에 자신감을 잃으면 자괴감과 실패에 대한 두려움이 생기며, 이는 우유부단한 행동을 낳고, 패배의식에 사로잡혀 목표에 대한 도전 의지를 잃는다. 자신감을 잃은 사람의 공부 모습은 다음과 같다.

1. 과거의 실패 기억에서 벗어나지 못하고 새로운 공부방법을 시도하지 못한다.
2. 성적이 저조한 이유를 다른 사람이나 환경 탓으로 돌린다.
3. 성적 자체를 고민하는 것이 아니라 성적이 나쁠 경우에 주위 사람들의 반응을 걱정한다.
4. 책상 앞에서 시간만 보낸다.

공부에 자신감이 없는 이유는 부모의 과도한 기대나 높은 목표 설정 등을 들 수 있지만, 첫째 이유는 공부에 대한 잦은 실패로 인해 새로운 과제에 두려움을 느끼기 때문이다. 즉, 실패가 연속되면 다음에 할 일도 실패할 것이라는 예측 때문에 의욕을 잃는 것이다.

공부에 있어서 실패 경험이란 '자신의 노력에 비하여 성적이 낮게 나온 경우', '공부량은 적으면서 하루 종일 공부와 낮은 성적만 고민하는 경우', '공부에 대한 부담감 때문에 책상에만 앉아 있는 경우', '노력한 만큼 성적이 나왔지만 부모나 자신이 만족 못하지 하는 경우' 등을 말한다. 실패 경험이 쌓이면 자신감을 잃고, 새로운 목표를 세우기도 힘들다.

"나는 처음부터 공부에 자신이 없었어요."

이렇게 말하는 학생들이 많다.

기억은 나지 않겠지만 유치원을 다닐 무렵을 생각해 보자.

누가 시키지 않아도 그림을 그리고, 수백 번을 틀리면서도 숫자를 익혔었다. 한 글자를 더 아는 것에 무척 기뻐했고, 학습을 재미있는 놀이처럼 생각했다.

이렇게 공부가 놀이요, 놀이가 공부이던 것이, 학교에 들어가면서부터 지겨움의 대상이 되었다. 학교가 학습을 익히는 곳이 아니라 경쟁의 장(場)이 되다 보니 남과 비교하게 되고, 이 때문에 자존심에 상처를 입게 된 것이다. 배운다는 것은 즐겁다. 하지만 공부가 비교의 대상이 되면 공부가 지겨워지고, 자신감도 점점 떨어진다.

자신감을 찾기 위해서는 남과 비교하는 습관에서 벗어나 나 혼자만의 목표에 집중하여야 한다. 남과 비교하는 것은 가깝게는 자극을 주는 듯하지만 좀 더 멀리 보면 상처만 주는 것이다.

공부 중독이 되면 자신의 목표만을 바라보고, 과정을 즐기며, 결과에 만족하게 된다.

Step 02

자신감이 있는
공부습관 만들기 1

: 나는 나를 신뢰한다 :

　대부분의 학생들은 공부를 하는 데 있어서 자신감이 필요하다는 생각 자체를 못하고 있다. 자신감은 개인의 특성 정도로 생각하여 공부를 할 때 반드시 갖추어야 하는 것은 아니라고 본다. 하지만 자신감이 공부에 미치는 영향은 실로 지대하며, 목표 달성 여부를 결정할 만큼 많은 영향을 끼친다. "나는 처음부터 자신이 없었어요."라고 말하는 사람도 걱정할 필요는 없다. 자신감은 계발 가능한 것이기 때문이다.

　그나마 다행인 것은 학습 상담을 하면서 수많은 학생들과 대화를 해 보면, 자신감에 똘똘 뭉쳐 있는 학생이 별로 없다는 것이다. 또한 자신감은 한 번 잃으면 영원히 잃는 것이 아니라 다시 되찾을 수 있다는 것이다.

나는 나를 신뢰한다

심리학자들에 의하면 자신에 대한 신뢰감이 형성되는 시기는 태어난 후 18개월에서 3세 사이로, 이때 상처받은 자신감은 평생 기억된다고 한다. 그리고 성장에 따라 자신을 신뢰해야 하는 이유는 자신을 신뢰하는 자는 자신을 사랑하고 자신감을 갖기 때문이다.

첫째, 나의 존재 가치가 나를 신뢰하게 한다. 내가 나를 신뢰할 수밖에 없는 이유 중 첫 번째는 존재 가치의 소중함 때문이다. 나의 존재 가치에 대해 생각해 본 적이 있는가?

나는 60억 명 중의 한 사람이라는 존재로 지구상에 존재한다. 60억분의 1의 가치는 희소하고, 소중하며, 존중되어야 한다. 자신의 존재에 대하여 감탄하고 신뢰하라. 세상 전부와도 바꿀 수 없는 존재가 바로 자신이다.

소심하면 소심한 대로, 단점이 있으면 단점 그대로를 사랑해야 한다. 단점을 없애려 애쓰지 말고, 있는 그대로의 인간적인 나를 사랑하라.

둘째, 내 신뢰의 증표는 나의 능력이다. 내가 나를 신뢰할 수밖에 없는 이유 중 두 번째는 나의 능력을 신뢰하기 때문이다. 나의 능력은 나를 믿게 만드는 증표이다. 사람들은 '나'를 믿는 것이 아니라 '나의 능력'을 믿는다. 곧, 능력은 신뢰이다. 남들이 나를 알아 주지 않는다고 불평하지 않는 것이 곧 '나에 대한 신뢰'이다.

나에게 부족함이 있다면 나의 능력을 찾지 않는 것이다. 바쁘다는 이유로, 귀찮다는 이유로, 어렵다는 이유로 나의 능력을 찾는 일을 게을리했던 것이다. 자신의 능력을 찾고, 신뢰하며, 나에 대한 다른 사람의 신뢰를 쌓아나가면 나에 대한 세상의 눈도 바뀔 것이다.

이 세상의 그 누구도 필요없는 사람은 없다. 필요가 있기 때문에 이 세상에 존재하는 것이다. 존재의 이유는 각자에게 주어진 능력에 따라 구별되며, 능력은 곧 의무이고 그 의무가 존재의 이유가 된다.

사교력이 좋은 사람은 사람들을 어울리게 만들어야 하는 의무와 능력이, 책을 좋아하는 사람은 공부를 통하여 세상을 발전시켜야 하는 의무와 능력이, 운동을 좋아하는 사람은 경기에 나가서 사람들을 열정에 빠지게 해야 하는 의무와 능력이, 예술을 하는 사람은 사람들에게 문화적 휴식을 나누어 주어야 하는 의무와 능력이 있다.

신은 공평하여 나에게 능력과 의무를 함께 주었다. 자신에게 주어진 의무에 감사하고 능력을 신뢰하라.

셋째, 내 삶의 이력이 나를 신뢰하게 한다. 지난 삶이 쌓아온 나에 대한 믿음을 나는 신뢰하며, 그것은 지난 삶의 이력이 증명한다. 비록 가끔의 실수와 잘못된 선택으로 어려움을 겪기도 하였지만 대체적으로 나는 옳았고, 거짓보다는 정직을 선택했으며, 봉사를 통해 기쁨을 얻고자 하였다. 지난 삶을 되돌아보았을 때 내가 존중받고 사랑받을 자격이 있다면, 미래 또한 그러할 것이다.

Step 03

자신감이 있는
공부습관 만들기 2

: 작은 성공을 만들어라 :

　공부에 대한 자신감이 없는 것은 공부에 대한 잦은 실패 때문이다. 실패에 젖은 사람이 새로운 의욕을 갖지 못하는 것은 또다시 마음의 상처를 받고 싶지 않기 때문이다. 잦은 실패로 인해 자신감을 잃은 사람이 자신감을 되찾기 위해 필요한 것은 성취 경험이다.

　과거에 공부를 성공적으로 수행하여 얻었던 성취 경험은 자신에 대한 신뢰를 회복하여 주고 자신감을 형성하는 데 중요한 역할을 한다. 자신이 한 일에 대한 성공 기억을 바탕으로 그 위에 작은 성공을 연속하여 경험하면 자신감은 되살아난다.

　대부분의 학생들이 한두 번의 성공 기억은 있다. 단지 그 활용도를 모르고 지내온 것뿐이다. 이제 그 기억을 되살려 활용해 보자. 만약 성공 경험이 없는 경우에는 '인위적인 과정'을 통하여 만들어 주면 된다. 여기서 인위적 과정이란, 개별적 학생의 수준에서 성공할 수밖에 없는 수준의 목표 과정을 제공하여 학생이 성공하도록 만드는 것이다.

작은 성공에 익숙해지면 자신의 능력에 대한 믿음을 갖게 되고, 더 큰 목표를 달성할 수 있다는 자신감이 생긴다. 공부라는 긴 여정에서 목표와 끊임없는 열정도 중요하지만, 성공의 경험은 꿈과 열정을 포기하지 않게 하는 역할을 한다.

작은 성공의 구체적 방법

작은 성공의 경험은 학생의 수준에서 충분하게, 그리고 당연하게 풀어나갈 수 있는 정도가 좋다. 그리고 처음부터 공부 관련 성공 경험을 쌓는 것보다는 학생이 재미있어 할 만한 것부터 시작하는 것이 부담감을 덜 수 있어서 좋다.

게임을 좋아하는 학생에게는 게임에 일정한 목표를 정하여 게임을 하도록 하고, 음악 연주를 좋아하는 학생에게는 곡목을 정하여 일정 시간까지 마스터하는 것을 목표로 하여 목표 달성의 즐거움을 맛보게 해 보자. 이때 공부와 직접적인 관련이 없다고 하여 성의 없이 진행해서는 안된다. 이 모든 것이 학습을 위한 과정이기 때문이다. 진행 중에는 진지하여야 하며, 하루하루 결과를 체크하여 목표를 달성할 수 있도록 유도해야 한다. 무엇인가에 열중하고 집중해 본 경험은 공부성적을 올리는 데 많은 영향을 끼친다.

어느 정도 성공 경험을 맛보고 자신감도 생겼다고 생각하면 성공 경험을 공부와 연결한다. '이 정도를 해결할 수 있으면 이 정도의 교과 문제도 풀 수 있다'라는 학습 관련 자신감을 불어 넣어 주는 것이다.

공부에 흥미가 없는 아이들 중에는 공부를 잘할 수 있는 능력이 있음에도 불구하고 '공부'라는 단어만 들어도 부정적 반응을 보이는 경우가 많다. 간접적인 방법을 통하여 조금씩 거부 반응을 줄여서 공부 관련 성공 경험을 쌓을 수 있도록 도와주어야 한다.

공부와 직접적인 관련은 없지만 성공 경험을 통하여 학습에 연결할 만한 몇 가지를 소개한다. 모두가 인터넷을 통해 구할 수 있는 것이거나 집에서 할 수 있는 것들이다.

퍼즐

퍼즐에는 직소 퍼즐, 3D입체 퍼즐, 캐스트 퍼즐 등이 있다. 퍼즐은 집중력과 인내력을 높여 준다. 아이의 능력에 맞는 퍼즐을 구입할 수 있다는 장점이 있으며, 처음에는 아이의 능력보다 낮은 수준에서 시작하는 것이 성공 경험을 쌓아가는 데 유리하다. 여러 종류가 있으므로 아이가 흥미를 느끼는 것을 고르는 것이 좋고, 퍼즐이 끝난 후에는 조각 수를 조금씩 올리는 것이 좋다. 아이에게는 퍼즐을 맞춘다는 것이 또 다른 학습 부담이 아니라 놀이 또는 휴식이라고 느껴져야 한다.

수학 퍼즐이나 단어, 논리 퍼즐 등 보통 두뇌 트레이닝으로 불리는 스도쿠, 가쿠로 등도 있다. 책 읽는 것 자체를 싫어하는 아이는 부모가 같이 읽어 나가면서 호기심을 유발하는 것이 좋다.

조립 또는 만들기

성취 욕구를 부여하고 인내심을 길러 준다. 완성했을 때의 성취감을 과학이나 수학 공부와 연계시키는 부모의 지혜가 필요하다. 집안의 사물을 이용하여 만들기를 하거나 종이 접기를 하는 것도 좋다. 아이의 창의성은 보이는 것에서부터 시작한다. 보이는 물건을 얼마나 창의적으로 변화시키느냐는 아이의 창의력 정도를 나타낸다.

학습용 보드게임

종이판이나 나무판에 여럿이 둘러앉아 즐기는 놀이로, 학습 내용의 기초적 원리를 이해하게 해 준다. 영어, 수학 등에 긍정적으로 접근할 수 있는 통로를 마련하여 주거나 아이에게 필요한 과목이나 수준의 게임을 부모가 직접 만들어 줄 수도 있다.

책 읽기

책에 대한 긍정적 접근을 하게 한다. 전집류를 한 번에 구입하여 읽게 하는 것보다는 서점에 가서 아이가 흥미를 느끼는 것들을 낱권으로 구입하는 것이 좋다. 그리고 책을 읽을 때는 그림이 많은 것부터 시작하여 점점 그림이 적어지는 단계적 과정을 거치는 것이 좋다. 부모의 욕심과 흥미에 따라 책을 고르지 말고 책을 고르는 것은 아이에게 맡긴다. 실수로 아이에게 도움이 안되는 책을 구입하였더라도 이 또한 학습과정이다.

규칙적인 운동

공부에 대해 전혀 흥미가 없는 아이들도 운동을 하면서 자신감을 갖게 되는 경우가 많다. 규칙적으로 무엇을 한다는 것은 중요하다. 예를 들어 하루도 빠지지 않고 정해진 시간에 태권도 도장을 다니는 아이에게 "규칙적으로 운동을 하려면 인내력이 필요한데 운동을 열심히 하는 것을 보니 공부도 잘하겠구나"라고 말한다면 아이는 기분이 좋을 뿐만 아니라, 공부에 대한 거부감도 덜게 될 것이다.

애완동물 키우기

맡은 일에 소홀하지 않게 되고 이를 통해 자신이 해야 할 일이 무엇인지를 알게 된다. 동물을 통하여 배울 점은 배우고, 동물과 비교하여 자신이 얼마나 행복한지를 설명해 준다. 인간의 가치와 자신의 환경을 이용하는 법을 알려 준다. 생명을 다루는 일이 공부보다도 어려운 작업임을 알게 하면, 상대적으로 공부에 대한 부담을 덜어낼 수 있다.

사소한 규칙

사소하지만 정해진 심부름을 맡는다거나 정해진 장소의 청소를 맡아서 하는 것을 통해서도 작은 성공이라는 기쁨을 얻을 수 있다. 처음부터 지키기 힘든 약속을 하는 것보다는 쉬운 약속과 실천 가능한 것을 고르도록 한다. 게임 시간 지키기, 텔레비전 시청 시간 지키기 등과 같이 시간과 관련된 약속은 지키기 어려울 수 있으므로 처음부터 지킬 수 있을 것이라고 생각하면 안된다.

기타 방법으로는 놀이나 음악, 미술 등이 있다. 세상의 유행에 따르거나 부모의 욕심에 따르지 말고 아이가 좋아하는 분야를 선택하는 것이 좋다.

그러나 선택한 분야가 아이의 성격에 맞지 않으면 부작용이 나타날 수 있으므로 조심하여야 한다. 예를 들어 소심하고 나약한 성격을 가진 아이에게 격한 운동이나 극기 훈련을 시키면 아이가 거칠어지기만 할 뿐 소심한 성격은 그대로인 경우가 많으므로, 아이가 동의를 하더라도 성격에 반대되는 교육은 신중하게 결정하여야 한다.

Step 04

공부 관련
성공 경험을 만들어라

공부 관련 성공 경험은 평소의 공부량보다 약간 더 많은 양을 목표로 하여 일정 기간 동안 공부를 하거나, 평소에 어렵다고 생각한 부분을 일정 기간 동안 집중적으로 공부를 하여 성공 경험을 얻는 것이다.

재미있는 성공 경험을 쌓는 부분보다 한 단계 어려운 과제이지만, 여기서의 목표도 학생의 노력에 의하여 충분히 달성할 수 있는 것이어야 한다.

기간을 짧게 정하여 많은 성공 경험을 맛볼 수 있어야 한다. 즉 1달을 10일 단위로 나누거나 1주 단위로 나누어서 목표를 정하면 10일 또는 1주마다 성공 경험을 느끼게 된다.

학습 능력이 많이 떨어지는 경우에는 반대로 평소의 공부량보다 적거나 본인의 수준보다 한두 단계 쉬운 부분을 목표로 정하여 공부를 하도록 한다. 학생의 수준에서 너무 떨어지는 과제는 오히려 자존심에 상처를 입힐 수 있으므로 과제 선정에 주의를 기울여야 한다. 만약 공부 관련 성공 경험을 수행하는 것을 싫어할 때는 한 단계 정도 낮추어서 접근하거나 재미있는 성공 경험을 다시 시행하는 것이 좋다.

공부 관련 성공 경험을 쌓게 하는 것은 공부에 대한 부담감을 덜어 주고 공부에 대한 자신감을 얻기 위해서이다. 목표 과정을 반복하여 성공하면 자신감이 생기고, 그 자신감은 조금 더 어려운 목표를 달성하는 힘으로 작용할 것이다.

성공 경험에서 가장 중요한 것은 자신의 노력에 의한 결과라는 사실이다. 성공을 하였어도 자신의 노력에 의한 것이 아니거나 그렇게 느낄 경우에는 성취 경험도, 자신감도 생기지 않는다. 결과는 노력에 의한 것이어야 하고, 노력을 한 사람은 학생 본인이어야 한다. 그러므로 부모는 목표 수행 과정과 결과가 학생 본인의 노력에 의한 것임을 알려 주고, 수시로 칭찬을 해 주어야 한다.

작은 성공에는
큰 칭찬으로
보상하여야 한다

아이가 자신의 노력에 의해 어떤 성과를 이루었을 때는 '칭찬'이라는 보상이 뒤따라야 한다.

내가 목표를 성공했다는 성취감에 의한 자신감도 중요하지만, 부모로부터 인정을 받는다는 것은 자신감을 확인하는 절차이기 때문이다. 대부분의 아이들이 공부를 하는 이유는 '부모를 실망시키지 않기 위해서'이다. 이에 대해 부모가 해 줄 수 있는 최선의 보답은 '칭찬'이다.

SECRET  칭찬의 원인을 학습과 연관시키면 공부에 대한 자신감이 높아진다

"와, 이 문제를 해결할 정도면, 일차방정식 정도는 충분히 할 수 있겠는 걸. 여기의 이것은 일차방정식의 x 부분을 알아낼 때와 똑같은 방식인데 너 혼자서 이것을 해결한 걸 보면 학원에는 안 가도 되겠다."

칭찬이 학습과 관련되면 공부에 대한 자신감이 자라난다. 공부를 잘하는 것을 칭찬하는 것도 좋지만, 공부를 재미있게 할 수 있도록 만드는 칭찬은 더욱 좋은 것이다.

SECRET 아이의 노력에 의해 성공의 결과가 나온 것임을 알려 주어야 한다

칭찬의 대상은 과정과 결과이며, 성공과 노력은 비례 관계에 있다는 것을 알아야 노력의 중요성을 알게 된다. 결과에 대해서만 칭찬이 이루어지면 과정이 지루하게 느껴질 수 있을 뿐만 아니라, 과정의 정직성을 무시하고 결과만을 빨리 보여 주려 할 것이다.

우연히든 의도적이든 아이가 노력하는 모습을 보게 되면 "노력하는 모습이 참 보기 좋구나. 결과가 어떻든 엄마는 지금의 너를 사랑한단다."라는 식의 칭찬을 해 주는 것이 좋다.

직접적인 칭찬보다 간접적인 경로를 통한 칭찬이 더 깊은 기쁨을 줄 수 있다

공부 시간을 잘 지켰다면 아이에게 직접 말하는 것보다 가족 누군가에게 "현주는 약속을 잘 지키기 때문에 다른 사람들에게 신뢰받는 사람이 될 거야."라고 말하여 그 말이 현주에게 들어가도록 하면 더 깊은 기쁨을 줄 수 있다. 다른 사람을 통하여 내 칭찬을 들으면 아이의 자부심이 커지고, 칭찬의 진정성을 믿게 된다.

작은 성공에 큰 칭찬을 한다

성공의 경험이 없는 아이는 자신의 성공이 성공인지도 모르는 경우가 있다. 이럴 때는 칭찬으로 성공임을 확인시켜서 성공 경험을 알게 하여야 한다. 그리고 성공의 크기에 관계없이 칭찬은 커야 한다.

30등을 하였으면 1등의 칭찬을 하라. 200등에서 100등으로 올랐으면 1등의 가능성을 칭찬하라. 자신감의 시작은 아주 작은 칭찬의 불씨로부터 시작될 수 있다. 아이가 성취한 작은 성공에도 크게 칭찬한다면 아이는 성공에 따른 보상의 즐거움을 알게 되어 성공을 반복하려 한다. 그것이 공부일 경우에는 조금씩 목표를 높이게 될 것이다.

칭찬은 구체적이어야 한다

"잘했다."보다는 "퍼즐 200조각을 맞추는 것은 중학생도 힘든 일인데 하루에 맞추는 것을 보면 너는 집중력이 높은 아이야. 특히 이 부분은 엄마도 힘든 부분인데."가 더 효과적인 칭찬이다. 구체적인 칭찬은 칭찬의 내용에 신뢰성을 주어 칭찬을 받는 사람의 기쁨을 더욱 커지게 한다.

칭찬할 것이 없으면 만들어서라도 해야 한다

칭찬은 '귀로 먹는 보약'이라고 한다. 이전보다 나아진 결과가 있을 때만 칭찬하려고 한다면 결과가 나올 때까지 기다려야 하므로 결과만을 칭찬하는 것은 옳은 방법이 아니다. 사소한 행동이나 습관, 장점, 마음씀씀이 등에도 칭찬을 해 주어야 하고, 없으면 만들어서라도 해야 한다. 칭찬에는 '걸음걸이가 멋있는데', '밥을 복스럽게 먹어서 복이 올 거야', '책 읽는 것을 좋아하니 세종대왕이 기뻐하시겠는 걸', '게임을 하는 것을 보면 너는 집중력이 높은 아이야' 등과 같이 구체적인 행동에 대해 칭찬을 해 주는 방법이 있고, 부모가 의도적으로 아이가 성공하도록 만든 후에 칭찬을 해 주는 방법도 있다.

공부에 빠져들다.
공부에 빠져들다.
공부에 빠져들다. 공부중독 공부에 빠져들다.
공부에 빠져들다.

PART. 4

자동으로 공부가 되는
공부습관
《 전략이 있는 공부습관 》

Step 01

전략이 있는
공부습관이란?

"어떻게 하면 공부를 잘할 수 있을까요?" 상담실에 찾아오는 많은 부모님들이 공통적으로 묻는 질문이다. 학습에 관한 상담을 하는 곳이므로 무슨 특별한 비법이 있을 것이라는 기대 때문이다. 하지만 필자의 대답은 기본 상식 수준을 벗어나지 못한다.

"열심히, 꾸준히, 집중적으로 하여야 합니다. 암기를 잘하는 방법이나 노트 필기를 돕는 방법이 있지만 모두 보조적 방법일 뿐 이보다 더 중요한 것은 없습니다. 이곳에서 알려드릴 수 있는 것은 아이들이 목표를 만들고, 이에 맞는 학습 계획과 공부방법을 통해 자신이 목표로 하는 대학에 들어갈 수 있도록 돕는 것 밖에는 없습니다."

다시 한 번 말하지만 공부를 하지 않고 성적을 올리는 방법은 없다. 목표를 굳건히 세우고 좋은 전략과 방법을 갖게 하는 것이 공부에 재미를 붙이고 성적을 올릴 수 있는 유일한 방법이다.

공부중독에 빠져드는 체계적 3단계 중 세 번째 단계가 '전략이 있는 공부습관'이다. '전략이 있는 공부습관'을 갖춘다면 효율적인 공부를 하게 되어 목표에 도달하는 시간과 노력을 많이 덜 수 있다.

학습전략과 학습방법

보통의 학생들에게는 목표는 있어도 실천할 계획이 없고, 계획은 있어도 계획을 완성시킬 수 있는 방법이 없다. 실천할 계획이 없다는 것은 목표가 한낱 꿈에 지나지 않는다는 것을 의미하고, 계획을 완성시킬 수 있는 방법이 없다는 것은 많은 시간과 노력이 효율적으로 이루어지지 않고 있다는 것을 의미한다. 목표에는 치밀한 실천 계획이 따라야 하고, 계획에는 적당한 방법이 따라야 목표가 현실이 될 수 있다. 좋은 계획표는 목표로 가는 지름길을 알려 주고, 좋은 방법은 노력의 수고를 덜어 준다. 그런데 이 모두를 학생 혼자서 감당하기는 어렵다. 학생들이 자신의 목표를 갖고 있다면 구체적인 계획과 방법은 부모가 함께 찾는 것이 도움이 될 것이다. 내 아이는 똑똑하니까 공부를 잘하니까 모든 것을 잘할 것이라고 생각하여 아이에게 모든 것을 맡기지 마라.

학습전략이 어떻게 목표를 달성할 것인지에 대한 계획이라면, 학습방법은 어떠한 도구를 이용하여 목표를 달성할 것인지의 문제이다. 또한, 목적지로 가는 최단 거리를 알려 주는 네비게이션 역할을 하는 것이 학습전략이라면, 네비게이션을 따라 움직이는 자동차를 최적화, 효율화시켜 주는 것이 학습방법이다. 학습전략과 학습방법은 계획과 실천도구로서 항상 같이 움직인다.

학습전략과 학습방법은 효율성을 지향한다. 여기서 효율성이란, 최소한의 시간과 노력을 사용하여 최적화된 상태에서 목표를 달성하는 것을 말한다. 효율적인 전략과 방법을 사용하여 공부를 한다면 내 능력 이상의 성적을 낼 수 있지만, 그렇지 않다면 능력에 비하여 낮은 수준의 성적을 내고 공부에 지치게 만든다. 학습전략에 있어서 중요한 내용은 장·단기 계획표의 작성이고, 학습방법에 있어서 중요한 내용은 공부방법이다.

학습전략의 의미와
수립 방법은 무엇인가?

　　에베레스트 산을 오르는 데 있어서 등반가들은 수년의 계획과 수개월의 등반을 통하여 정상을 정복한다. 에베레스트라는 목표가 있고, 올라갈 자신까지 있다면 등산 계획은 정상을 밟을 가능성을 높여 주고, 위험을 피하게 하며, 시간을 줄여 준다. 계획도 없이 오른다면 등산 중에 조난을 당하거나 위험한 상황을 맞아 허둥거리게 된다. 등산 계획은 성공과 생명을 담보로 한 안전 장치인 것이다.

　　공부도 이와 마찬가지이다. 아무리 자신감이 넘치고, 학습목표가 남들보다 분명하더라도 전략이 부실하면 성적이 떨어지고 쉽게 지칠 수 있다. 또한, 공부를 하면서도 자신이 어느 위치에 있는지도 모르고 우왕좌왕하기도 한다. 자신감과 목표를 갖고 똑같은 시간과 노력을 투자하여 공부를 하였는데도 성적에서 차이가 난다면 학습전략 부분을 검토해야 한다. 학습전략은 학습 전반을 이끌어가는 계획으로, 최소한의 노력으로 원하는 성적을 거둘 수 있는 계획과 방법을 말한다. 다시 말해서 학습전략이란, 목표를 가장 효율적으로 달성하는 계획이자 시간과 노력을 가장 효율적으로 사용하는 방법이다.

학습전략은 기술적인 방법으로, 누구나 단시간 내에 배울 수 있다.

일주일 생활계획표와 일일 생활계획표가 온통 공부로 꽉 채워져 있는 중학교 1학년 학생에게 '공부를 좋아하는지'에 대해 물어보았다. 학생은 "좋아하지는 않지만 공부가 부족하다는 것은 느낀다."라고 대답했다. 자신은 의대에 가야 하고, 의대에 가기 위해서는 전교 1등을 유지해야 하는데 아직 그 정도에는 못 미치므로 공부를 더 해야 한다고 했다.

이 학생에게는 의대도 중요하지만 건강이 더 걱정되었다. 아무리 좋은 차도 끝없이 달릴 수는 없다. 중간 중간 휴식을 취해야 고장 없이 목적지에 도착할 수 있다. 이 학생은 목표에 못 미치는 성적 때문에 자신을 혹사시키고 있는 것이다. 건강에 문제가 생긴다면 아무리 공부를 잘한다고 하여도 의대에는 못 갈 것이다. 이 학생에게는 효율적인 계획과 휴식이 필요하였다.

상담 및 검사를 통하여 공부방법을 전환하는 것도 필요했지만, 우선적으로 계획표를 다시 짜고 여유를 가져야 했다.

공부를 함에 있어서 쉬거나 노는 것도 학습전략이다. 즉, 쉬는 것도 전략이다. 쉴 때 충분히 쉬고, 놀 때 충분히 노는 아이가 공부를 할 때도 전력을 다한다. 요즈음의 공부는 오로지 책만 보는 것보다는 시사적이고 대중적인 흐름을 아는 것이 도움이 된다. 공부를 잘하는 아이는 대중문화와는 거리가 있다고 생각하지만 에픽하이의 타블로의 예를 보면 결코 그렇지 않다는 것을 보여 준다.

또한 예전에는 공부를 못하는 아이는 운동을 잘하고, 공부를 잘하는 아이는 운동을 못한다고 생각했다. 하지만 뇌 과학이 발달하면서 운동 영역과 공부 영역은 모두 전두엽이 관장한다는 사실이 밝혀지면서, 공부를 잘하는 것과 운동을 잘하는 것이 밀접하게 관련되어 있다는 것을 알게 되었다. 그 대표적인 사례로는 타이거 우즈를 들 수 있다.

SECRET 학습전략이라 하여 거창할 필요는 없다

잠자는 시간을 꾸준히 지키는 것도 전략이고, 쉬는 시간을 철저하게 지키는 것도 전략이다. 즉, 학습전략에서는 규칙성을 확보하는 것이 무엇보다 중요하다. 공부를 못하는 학생들의 공통점은 불평이 많고, 계획을 자주 변경한다는 것이다. 어느 참고서를 보아도 별 차이가 없지만 참고서가 잘못되었다면서 계속 바꾸다 보니 도대체 무엇을 공부하였는지도 모르는 학생도 있다. 공부 시간도 밤낮으로 바꾸어보거나 성적에 따라서 학원을 자주 바꾸는 학생도 있다.

이런 학생들은 규칙성이 없고, 계획과 공부방법을 자주 바꾸기 때문에 공부에 적응하기가 힘들다. 공부를 잘한다는 것은 생활과 공부가 규칙성을 갖추고 있다는 것을 말하며, 이 규칙성은 전략의 일부이다.

Step 03

학습전략의 종류에는
어떤 것이 있는가?

목표에는 큰 목표와 중간 목표, 작은 목표가 있듯이 학습전략에도 큰 목표에 따르는 학습전략, 중간 목표에 따르는 학습전략, 작은 목표에 따르는 학습전략이 있다.

큰 목표에 따르는 학습전략

큰 목표에 따르는 학습전략은 직업의 선택에 따른 수행 전략을 말한다. 즉, 자신이 원하는 삶이나 직업을 정하였을 때 그 삶을 살거나 직업을 갖기 위해서는 무엇을 해야 하는지에 대한 계획이다. 이는 긴 시간에 걸쳐서 진행되는 전략으로, 중간에 목표나 계획을 자주 수정하지 않도록 목표 의식을 유지하는 것이 중요하다.

조금만 어려워도 포기하거나 진로를 수정하는 것은 처음부터 목표 의식이 분명하지 않기 때문이다. 인터넷을 탐색하거나 현장에 직접 찾아가서 직업의 내용을 구체적으로 알아보고, 간접적으로 경험을 해 보는 것이 좋다. 머릿속으로 생각하는 것과 현장에서 직접 체험해 보는 것 사이에는 엄청난 차이가 있기 때문이다. 또한 직업 목표를 확고히 하기 위해서도 직업에 대한 탐색은 필요하다.

SECRET 중간 목표에 따르는 학습전략

중간 목표에 따르는 학습전략은 원하는 대학에 입학하기 위한 전략을 말한다. 일반적으로 학생들의 목표라고 하면, 원하는 대학에 입학하는 것이다. 목표로 하는 대학을 잊지 않고, 공부의 규칙성과 리듬을 유지하면서 건강 관리에도 신경을 써야 한다.

고학년이 되면 건강 문제로 더 이상 성적이 향상되지 않는 학생들이 의외로 많다. 건강에 투자하는 시간을 아깝다고 생각하지 말고, 공부의 리듬을 유지하기 위해서라도 꾸준히 운동을 해야 한다.

공부에 있어서 초보자라 할 수 있는 학생들이 흔히 저지르는 실수가 바로 휴식의 중요성을 간과하여 체력을 소진하는 것이다. 단 며칠이라도 아프게 되면 공부의 리듬을 회복하는 데 몇 배의 시간이 필요하다. 그러므로 건강을 유지하기 위한 시간은 공부를 위한 투자인 셈이다. 공부를 효율적으로 하기 위해 계획을 수립하는 것이 학습전략이라면 휴식은 꼭 필요한 요소라고 할 수 있다. 쉴 때는 과감하게 쉬면서 체력을 비축해야 집중력도 높아지고 공부의 역전도 가능하다.

이성 문제, 사춘기 문제도 전략적 차원에서 대비하여야 한다. 아이들의 사춘기적 반응에 너무 소극적이거나, 너무 적극적으로 대응하면, 아이들을 자극할 수 있으므로, 무엇이 아이를 위한 것인지를 생각하고 아이의 입장에서 대응해야 한다.

선제적 방어 방법을 사용하여 미리 앞서서 아이의 마음을 누그러뜨리는 것도 좋다. 부모가 조금만 신경을 써도 아이가 사춘기에 접어들었는지를 알 수 있다. 나이로 보나 행동으로 보나 사춘기라는 것이 감지되면 가족들과 함께 모여서 사춘기에 접어든 것을 축하해 준다.

"종훈이가 이제 사춘기에 접어들었다. 모두 축하하고, 앞으로 종훈이의 마음이 상하지 않도록 조심하도록 하자. 사춘기에는 감정의 기복이 심하므로, 앞으로는 종훈이가 원하는 것을 해 주려고 노력하자."라고 말한다면 자신을 따스하게 바라보는 가족이 있다는 것에 뿌듯해 하면서 가벼운 마음으로 사춘기에 입장할 것이다.

사춘기 때의 아이들은 어떠한 것도 마음에 들지 않을 정도로 불안하다. 그럴 때 부모가 너무 소극적으로 받아들이면 부모를 무시하게 되며, 너무 적극적으로 대처하면 일탈 행동을 하게 될 수도 있다. 아이들마다 대응책이 다르기 때문에 어떠한 것이 정답이라고 할 수는 없다. 하지만 많은 상담을 통하여 얻은 결론은, 사춘기는 인생의 한 과정이기 때문에 때가 되면 수그러들기 시작하고, 따스한 가정이 유지되는 한 아이들은 다시 제자리로 돌아온다는 것이다.

만약 ○○대학 ○○학과를 목표로 한다면, 이에 해당하는 입시 정보를 수집해야 한다. 현재 자신의 성적으로 합격할 수 있는지, 아니면 어느 정도까지 높여야 합격할 수 있는지를 분석하여야 한다. 목표가 달성이 불가능할 정도로 높게 설정되어 있다면, 그것은 목표가 아니라 꿈일 뿐이다. 가능한 범위 내에서 목표를 세우고, 무엇이 필요한지를 먼저 살펴본 후, 지금부터 준비할 것이 무엇인지를 알고 계획을 세워야 한다. 목표는 목표를 향한 나의 의지에 비례하여 세워야 한다. 목표가 조금 높더라도 나의 의지가 강하다면 분명히 달성할 수 있다.

한 학년 단위의 전략은 한 학년 동안에 이루고자 하는 목표에 따르는 전략으로, 성적 관리 및 건강 관리가 주가 될 것이다. 즉, 공부방법의 전환이나 생활 환경의 전환을 통하여 성적 향상을 꾀하는 것이다. 자신이 10등 정도를 하는데 3등 안에 들기 위해서는 시간과 노력이 필요하다. 시간 확보가 가능한 최적의 시기는 방학이다. 방학 동안에 어느 정도의 노력을 했느냐가 다음 학기를 결정하게 된다. 친구 및 가족과의 관계도 공부에 도움이 되는 수준에서 유지해야 한다.

공부는 이기적으로 해야 한다. 모든 이를 이롭게 하거나 위로하면서 할 만한 시간이 없다. 따라서 공부를 잘하는 사람은 외로움에 익숙해져야 하고, 외로움을 즐길 줄도 알아야 한다.

작은 목표에 따르는 학습전략

작은 목표에 따르는 학습전략은 다음 시험까지의 전략을 말한다. 이는 다음 시험에서 이루고자 하는 목표에 관련된 전략으로, 각 과목의 관리가 주가 된다. 즉, 자신이 취약하거나 조금 더 노력을 요하는 과목에 집중하여 성적을 높이는 전략이다.

이때 무조건 책을 보는 것이 아니라, 공부에 관한 좋은 습관을 형성하면 더 좋은 결과를 가져올 수 있다. 예를 들어 보통의 공부는 읽고, 외우고, 복습하는 방식이지만, 40분 공부하고 10분간 눈을 감고 복습을 하거나, 재미있는 과목 중간에 재미없는 과목을 끼워 넣어서 공부를 하면 공부가 지루하지 않다.

집중력이 문제라면 집중력에 방해되는 요소들을 글로 써서 제거하는 방법을 사용한다. 또한 인내력이 부족하면 그 원인을 글로 써서 마음을 다시 잡는 등과 같이 적극적인 자세가 필요하다.

하나의 문제를 글로 써 보는 것과 머릿속으로만 생각하는 것에는 엄청난 차이가 있다. 조그마한 학습 습관도 성적에 많은 영향을 끼치므로 평소 좋은 습관을 갖도록 노력해야 한다.

Step 04

노는 시간을
먼저 계획하라

학습전략에는 독서 전략, 시간관리 전략, 시험관리 전략 등이 있지만, 이보다 중요한 것은 최적의 계획표를 세우는 것이다.

SECRET

계획표는 도전이다

도전에는 실패가 따르고 어쩌면 평생에 걸쳐 단 한 번도 성공하지 못할 수도 있다. 설사 그렇다고 하더라도 계획표를 세우는 일을 포기하면 안된다. 계획표가 없는 것보다는 있는 것이 도전할 수 있는 기회를 한 번이라도 더 제공해 주기 때문이다. 어린 나이일수록 계획표는 그저 계획에 그칠 가능성이 높다. 그래도 부모는 아이에게 용기를 주고 다음에는 한두 가지라도 실천할 수 있도록 도와주어야 한다. 꾸중을 하거나 '네가 하는 일이 다 그렇지 뭐.'라고 말하면 아이는 도전 의식을 잃게 된다.

열 번이고 스무 번이고, 일 년이고 십 년이고 기다리면서 계획표 세우는 것을 도와주어야 한다. 무리인 것은 무리인 것 같다고 말하고, 어떻게 실천할 것인지를 물어본다.

그리고 부모는 공부 시간보다는 쉬고 노는 시간을 어떻게 확보할 것인지와 어떻게 쉴 것인지에 대한 이야기를 많이 나누는 것이 좋다. 부모의 관심이 공부뿐만 아니라 건강과 놀이에도 있다는 것을 알게 하는 것이다. 계획표를 세워서 실천할 정도의 아이가 되기 위해서는 중학생 정도는 되어야 하고, 그 전에 수년 동안의 연습 기간이 필요하다.

SECRET 계획표의 내용에 대하여 참견하지 말아야 한다

공부 시간과 노는 시간 등이 너무 부조화를 이루더라도 아이가 계획한 것이면 그대로 믿고 맡겨야 한다. 계획표는 내용도 중요하지만 실천이 더 중요하다. 또한 처음 계획표를 세울 때는 옆에서 도와주는 것이 좋지만 매일매일 체크하면서 아이를 감독하는 태도는 바람직하지 않다. 계획표는 아이들의 것이지 부모의 것이 아니기 때문이다.

계획표는 약속이다

계획표는 원칙적으로 나에게 하는 약속이지만 남에게 하는 약속이기도 하다. 약속은 지키는 것이다. 계획표는 지키기 위한 약속이므로 반드시 지켜야 한다.

노는 계획부터 세워라

계획을 세울 때는 일반적으로 공부할 시간을 먼저 채우고, 나머지는 쉬는 시간으로 채운다. 하지만 쉬는 시간을 먼저 채우고, 나머지는 공부하는 시간으로 채워 보라. 결국은 똑같거나 더 많이 공부한다는 것을 알게 된다. 쉬는 시간을 먼저 확보하면, 마음에 여유가 생기고, 공부에 대한 부담도 덜 수 있다. 학생들은 '공부'라는 단어에는 경기를 일으킬 정도로 부정적 반응을 보이지만, '쉰다, 논다'와 같은 단어에는 매우 긍정적인 반응을 보이기 때문에 계획표를 작성하면서도 즐거움을 느낀다. 계획표는 학생이 수동적 입장에서 만드는 것이 아니라, 학생 스스로 만드는 것이므로 쉬는 시간을 먼저 계획하는 것이 맞다. 즐거운 일을 먼저 계획하고 나면 나머지 일도 즐겁게 느껴질 수 있기 때문이다.

이와 같은 방법으로 학생들에게 계획표를 작성해 보라고 하면 공부 시간을 먼저 계획하고 휴식 시간을 채워넣는 것보다도 더 많은 시간을 공부에 배정하는 것을 보게 된다.

아이들은 자기가 싫어하는 것과 관련된 계획은 꺼려하지만 자기가 좋아하는 것과 관련된 계획이라면 실천을 하든, 안 하든 계획부터 세우려고 할 것이다. 따라서 계획을 세울 때는 자신이 좋아하는 것부터 세우는 것이 좋다. 공부중독은 자신의 목표를 달성하기 위해 점점 공부에 빠져들게 하는 것이므로, 계획표 작성 시 노는 시간을 먼저 계획하는 것도 공부중독에 빠져들게 만드는 방법이라고 할 수 있다. 공부에 재미를 못 느끼면 중독은 무의미하다.

Step 05

나의 학습 형태는 무엇인가?

: 학원형, 과외형, 나홀로형 :

자신의 성격에 맞는 자신만의 학습 형태가 있다. 학습 형태는 공부 시간에 따라서 새벽형, 야간형, 주간형으로 구분되며, 공부방법에 따라 학원형, 과외형, 나홀로형, 혼합형으로 구분된다. 대부분의 학생들은 학교 수업 이후에 학원에 가거나, 집에서 혼자 공부하거나, 과외를 받는다.

모든 부모들의 로망이라 할 수 있는 나홀로형의 경우에는 학교 수업을 제외하고는 혼자서 공부를 하는 형태이다. 집에서 교육방송(EBS)을 시청하거나 학습지를 풀거나 인터넷 학습을 하는 것도 나홀로형에 속한다. 혼합형의 경우에는 주로 혼자 공부를 하다가 필요에 따라 학원에도 가고, 과외도 받는 형태이다. 나홀로형과 혼합형의 공통점은 학습을 창조적으로 한다는 것이다. 학원에서 제시하는 획일화된 답안이 아니라 스스로 깨우쳐서 만든 답안은 다른 학생의 답안과 구별된다. 이것이 바로 창조적인 공부의 힘이며, 장점이다.

그러나 모든 학생들에게 나홀로형이나 혼합형 학습 형태가 맞는 것은 아니며, 현실적으로 많은 학생들은 학원형이나 과외형을 주된 학습 형태로 하고 있다. 어떤 형태가 좋고 나쁘다는 것을 떠나 자신에게 가장 효율적인 공부 형태가 좋은 학습 형태이다. 상담을 해 보면, 많은 수의 학생들이 혼합형을 선호하고 있고, 자신은 혼합형이 맞다고 말하는 것을 볼 수 있다. 이 중에는 남과 경쟁하는 것이 싫어서 혼합형이 맞다고 하는 경우도 있지만, 부모 때문에 혼합형을 선택하지 못하는 경우도 많다. 대부분의 부모들은 아이들이 학원 수업이나 과외를 계속 받지 않으면 남보다 떨어진다는 불안감 때문에 아이들이 혼자 공부하는 것을 꺼린다. 스스로 계획을 세우고 스스로 공부를 하는, 스스로 학습을 원하지만 현실에서는 그렇지 않다는 것이다.

경쟁에 강하거나 경쟁을 즐기는 학생들은 학원형이 맞을 것이다. 하지만 경쟁에 약하여 남과의 비교를 싫어하는 학생의 경우에는 학원이 독이 될 수도 있다. 지극히 소극적이고 내성적이거나 남과의 비교를 싫어하는 아이를 학원에 보내면 아이는 더 수축되거나 반항만 심해질 수 있으므로, 부모들의 현명한 판단이 필요하다.

모든 공부방법에는 장단점이 있다. 나홀로형이나 혼합형이 우수한 성적을 내는 학생들의 전형이라고는 하지만 혼자 공부한다는 것은 많은 위험을 가지고 있다. 유혹을 뿌리쳐야 하는 인내력이 필요하고, 외로움에도 익숙해져야 하며, 계획도 세세하게 짜여 있어야 한다. 그리고 스스로를 점검하고, 수정해 나갈 줄 아는 능력도 있어야 한다. 다른 학생보다 많은 자유 시간을 어떻게 이용하느냐에 따라서 남보다 나은 결과를 얻을 수도 있고, 나쁜 결과를 얻을 수도 있다. 나 혼자만의 시간에 집중하지 못하면, 공부를 아예 하지 않을 수도 있다. 이런 점에서 나홀로형과 혼합형이 좋다는 것을 알면서도 쉽사리 선택하지 못하는 것이다.

학원형이 평균을 보장하는 것도 아니다. 잘못된 친구 관계의 형성으로 성적이 하향 평준화되는 사례도 많기 때문이다. 학교를 다니면서 학원을 다니는 경우에 자신의 시간을 갖기란 어렵다. 즉, 창조적 공부를 할 수 있는 시간이 없는 것이다. 그런 경우 평균적인 성적을 유지하는 학생은 될 수 있어도 뛰어난 학생이 되기를 바랄 수는 없다.

Step
06

공부 역전의 키워드,
'CSQ3Rd 공부법'에
주목하라

공부에서 역전은 어렵다. 특히 상위권의 경우에는 더욱 그러하다. 상위권 학생들은 특별한 일이 없는 한 자신의 공부 페이스를 유지하기 때문에 그 사이를 비집고 들어가기가 어렵다. 그렇다고 공부의 역전이 불가능한 것은 아니다. 남보다 많은 시간을 확보하여 공부를 하고, 현재의 공부방법을 전환하여 좀더 효율적인 방법을 찾으면 역전도 가능하다. 어떤 비법이 있는 것은 아니지만 학습방법의 전환을 통하여 공부의 효율성을 높일 수는 있다.

공부의 역전을 노리는 학생들이 범하기 쉬운 실수 중의 하나는 한꺼번에 많은 것을 바꾸려고 한다는 것이다. 즉 달성하기 힘든 일을 해야 한다는 압박감 때문에 나름대로 많은 계획을 세우려고 한다. 계획대로만 된다면 성공을 하겠지만, 실패하는 경우에는 의욕 상실 상태에 빠질 수도 있다. 또한 한꺼번에 너무 많은 것에 도전하여 더 이상 도전할 것도 없고, 시도할 것도 없으면 공부를 포기하기도 한다.

공부는 장기간의 레이스이다. 한꺼번에 모든 것을 달성하기 위해 무리를 하면 쉽게 지쳐서 중도에 포기하게 된다. 중간에 고치거나 포기하는 것보다는 천천히, 그리고 하나하나 새로운 좋은 습관을 만들어 나가면 어느 순간에는 역전이 되어 있을 것이다.

공부의 역전을 단기간에 이루기를 바란다면 먼저 역전을 해야 하는 분명한 이유와 자신감을 갖추고, 새로운 공부습관을 익혀야 한다. 단기간이라는 것은 체력적인 한계의 범위를 말한다. 그 기간은 학생에 따라 다를 수 있지만 보통 3개월에서 6개월, 길게는 1년 이내이어야 한다. 그 이유는 이 기간 내에 모든 것을 집중하고 몰입하여야 하므로 체력 소모가 많기 때문이다.

 SECRET

생활을 최대한 단순화하여 공부 시간을 확보한다

밥 먹고 화장실 가는 것 외에는 공부를 한다는 마음에서 시작하여야 한다. 공부에 영향을 끼치는 다른 요소들은 생각하지 말고 오로지 공부 시간 확보를 위하여 생활을 단순화시켜야 한다. 하루와 일주일 간의 생활계획표는 단순해야 하며, 휴식은 주말에 배정해야 한다. 정말 끊기 힘든 휴대폰이나 인터넷도 역전의 그날까지는 자제하여야 한다.

지금 당장 휴대폰을 꺼놓고 하루 후에 다시 켜 보자. 많은 문자와 전화가와 있을 것이다. 하지만 자세히 살펴보면 대부분이 자신의 공부와는 관계가 없는 것이라는 사실을 알게 될 것이다. 휴대폰을 꺼놓는다고 해서 나에게 어떤 변화가 일어나는 것이 아니다. 그저 습관에 중독된 것뿐이다.

인터넷도 마찬가지이다. 하루를, 그리고 일주일을 인터넷을 보지 않아도 세상은 그대로이다. 내가 인터넷을 하는 습관에 중독되어 있을 뿐이다.

 ## 공부방법의 전환이 필요하다

보통의 공부방법인 읽고, 외우고, 복습하는 방법 대신 지금부터 제시하는 'CSQ3Rd 공부법'을 활용해 보자. 'CSQ3Rd 공부법'에는 많은 장점이 있지만, 이 중에서도 가장 큰 장점은 공부 시간을 단축시켜 준다는 것이다. 똑같은 것을 공부하더라도 학습시간을 절반 정도로 줄여 준다. 새로운 것을 배우는 것은 어렵다. 하지만 배우고 나면 그 길이 훨씬 쉬운 길이라는 것을 알게 된다.

 ## 자신만의 역전 프로그램을 진행한다

역전이 가능한 최적의 시간은 방학이고, 자신의 결심을 마음껏 펼칠 수 있는 시간도 방학이다. 이때 역전을 노리는 학생이라면 자신만의 비밀 프로그램을 진행시키는 것이 좋다. 예를 들어 필자가 운영하는 학습발전소에서 시행하는 '죽음의 능선' 프로그램과 같이, 일정 기간 동안은 수도자의

마음가짐으로 공부에만 집중하는 것이다.

이 프로그램의 목적은 자신이 부족한 부분에 집중하여 도사 수준에 올려놓는 것이다. 역전 프로그램의 명칭은 각자가 좋아하는 대로 만들면 된다. '지옥에서의 하루'도 좋고 '공신 프로젝트'도 좋다. 역전 프로그램을 진행하는 동안에는 주위 사람들에게 비밀로 한다. 비밀이 있다는 것은 흥미롭고 짜릿하다.

 학습방법

공부에 관한 정보가 너무 많아서 오히려 공부에 방해가 되기도 한다. 아무리 좋은 학습방법이라도 아이에게 맞지 않으면 독이 될 것이고, 오히려 공부에 지쳐서 공부를 멀리하게 될 것이다.

설사 하버드 대학에 다니는 사람의 공부방법이라도 아이에게 맞지 않으면 따라해서는 안된다. 소화도 못 시킬 것을 몸에 좋다는 이유로 억지로 삼키면 체하게 되고, 다시는 그 음식을 쳐다보지도 않게 되는 것과 마찬가지다. 따라서 수많은 공부방법에 휘둘리거나 남을 따라하지 말고 자신에게 맞는 공부방법을 찾아야 한다.

학습에 관한 한 수많은 방법론이 있지만 그 수많은 방법을 제한된 시간 내에 학생이 전부 실행할 수는 없다. 여기서는 단지 무조건 공부를 하는 것이 아니라, 공부 시간을 적게 투자하여 높은 성적 향상을 가져오는 효과적인 공부방법인 'CSQ3Rd 공부법'을 소개하고자 한다.

'CSQ3Rd 공부법'은 만점을 위한 학습법으로, 자신만의 공부법으로 승화시킨다면 배우고 익히는 데 들어간 노력 이상의 성적으로 보답할 것이다. 또한 공부 시간을 대폭 줄여 주어 시간적 여유를 가질 수 있으므로 저학년 학생의 경우 공부 외에 운동이나 취미 활동도 할 수 있다.

좋은 공부습관을 형성하기 위해서는 자신의 공부습관 중에 무엇이 문제인지를 알아서 고치는 것보다는 'CSQ3Rd'를 먼저 실행하는 것이 좋다. 나쁜 습관은 오랜 시간에 걸쳐서 형성된 것이므로, 의식적으로 고치려면 많은 시간과 인내가 필요하다. 나쁜 습관은 자신도 모르는 사이에 조금씩 익숙해진 것이므로 이를 바꾸려면, 좋은 습관을 갖추어 서서히 밀어내는 것이 좋다.

꿈을 이루는 'CSQ3Rd 공부법'

Francis P. Robinon은 제2차 세계대전 당시 훈련병 교육을 위해 고안한 학습방법을 그의 저서인 《효과적인 학습》을 통해 소개하였다. 이 책에서 소개된 SQ3R이란, 훑어보기(Survey), 질문 만들기(Question), 읽기(Read), 외우기(Recite), 복습하기(Review)를 뜻하는 것으로, 독서능력을 효율적으로 신장시키고, 장기 기억을 가능하게 하는 데 많은 도움이 된다.

현재는 이를 여러 형태로 보완하여 독서 및 공부방법에 적용시키고 있는데, 김영진 교수의 《학습상담연구》에서는 'SQ3R'을 'CSQ3RM'으로 보완하였다. 'C'는 Change Perspectives(시각 교정 : 독자의 시각에서 교사의 시각으로 변환), 'M'은 Making Test Inventories(시험문제 출제)를 뜻한다.

한편, 필자는 'SQ3R'을 'CSQ3Rd'로 보완하였다. 이는 국어, 영어, 수학 등 모든 과목의 공부와 논술 시험에 적용할 수 있도록 'd'를 보완한 것이다. 여기서 'd'는 different way?(다른 방법은?)를 뜻한다.

'CSQ3Rd'는 현존하는 학습방법 중에서 가장 우수한 방법 중 하나이다. 'CSQ3Rd'는 시각 바꾸기(Change), 훑어보기(Survey), 질문 만들기(Question), 읽기(Read), 외우기(Recite), 복습하기(Review), 다른 방법은?(different way?)으로 구성되어 있으며, 특히 '시각 바꾸기', '질문 만들기', '다른 방법은?'의 경우에는 고득점을 원하는 학생에게 꼭 필요한 학습방법이고, 'different way?'는 0.1% 고득점 학생을 위한 학습방법이다.

Step 07

CSQ3Rd 공부법의
일곱 가지 키워드

시각 바꾸기(Change)

책을 읽을 때 독자의 시각에서 저자의 전달 내용을 그대로 이해하려는 것이 아니라 작가의 시각에서 내가 저자라면 이 책을 어떻게 구성할 것인지를 생각하며 책을 대하는 것이다.

책은 쓰여진 목적이 있다. 저자는 독자에게 일정한 메시지를 주고자 한다. 저자의 메시지 내용을 가장 쉽게 알 수 있는 것은 책의 제목이다. 소설이나 시 등을 제외하고 실용서의 경우에는 제목만으로도 그 내용이 무엇인지를 알 수 있다.

내가 이 책의 저자라고 생각하고 가장 먼저 제목이 적당한지를 생각해 본다. 저자들은 책 제목을 정하는 데 많은 시간을 투자한다. 자신이 생각하기에 더 좋은 책 제목이 있다면 제목을 바꾸어 본다.

'성문기초영문법(성문출판사)'이라는 책을 접했을 때를 예로 들어 책을 분석하고 구성해 보자. '성문'은 다른 영어 책과의 구별을 위해 저자의 이름을 넣은 것으로, 책의 내용하고는 관계없다.

여기서 '기초영문법'이라는 단어가 책의 내용을 담고 있다. 영문법을 알려 주는 책으로 기초적인 과정을 다루고 있으므로, 영문법의 기초에 해당하는 내용으로 책을 구성하여야 한다. 그렇다면 기초에 해당하는 영문법 책은 어떤 내용을 갖추고 있어야 하고, 내가 이 책의 저자라면 어떤 방법을 이용하여 기초영문법을 이해시킬 것인가? 각자가 생각하는 방법을 정한 후에 책에 넣어야 할 내용들을 생각해 본다.

각 장이나 절은 어떤 내용으로 채워져야 하고 단어의 수준은 어느 정도가 적당한지, 어떤 도표와 그림이 필요한지를 정해야 한다. 학생들이 책을 읽을 때 지루하지 않기 위해서는 책의 전체 디자인과 본문의 형태를 어떻게 하는 것이 좋은지도 생각해 본다. 책의 내용을 정했으면, 이 책을 읽어야 하는 이유나 다른 책과의 차이점 등 독자들에게 전해 줄 말을 서문에 넣고, 목차를 생각하면서 책 전체를 조감해 본다. 이 과정은 책을 만드는 과정의 대체적인 것으로, 실제로 책을 만들 때는 훨씬 복잡한 과정을 거친다.

이제까지는 수동적 입장에서 책을 읽고, 이해하고, 외웠지만, 앞으로는 자신이 책을 만드는 저자라는 능동적 입장에서 어떻게 하면 남들이 쉽게 이해할 수 있는지를 생각해야 한다. 이것이 바로 'CSQ3Rd'의 '시각 바꾸기(Change)'이다.

'시각 바꾸기'에 따라 학습을 하면 이제까지 보지 못했던 새로운 것들을 볼 수 있고, 문제에 대한 이해와 집중도가 높아진다.

　이러한 습관이 처음부터 갖추어지기는 힘들 것이다. 하지만 책을 처음 받은 후 1시간 정도를 생각해 보면, 책을 한 번 읽는 것보다 효과가 좋을 것이다. 위의 내용은 책을 처음 보았을 때에 해당하는 것이지만 책을 읽어 나가는 동안에도 적용된다. 즉, 문장을 읽어나가면서 '이 부분에는 그림이나 도표를 넣으면 이해하기 쉽겠다.'거나, '이 문제보다는 다른 문제를 넣는 것이 좋겠다.'라고 생각하는 것이다.

SECRET

훑어보기 (Survey)

　머릿속으로 내가 책을 쓴다면 어떻게 구성하였을까를 생각한 후에는, 공부할 내용들을 상세히 살펴보기 전에 우선 전반적인 책의 내용을 파악하여 무엇이 중요한 것이고, 중요하지 않은 것인지를 파악해야 한다. 훑어보기는 공부할 양과 소요 시간을 파악하거나 공부 계획을 작성하는 데도 도움이 된다.

　책을 처음 받고 훑어볼 때는 먼저 서문(머리말)을 읽고 목차(차례), 큰 제목, 작은 제목순으로 훑어본다. 서문은 저자가 책을 쓴 이유와 그 책의 주제, 그리고 독자가 무엇을 알아야 하는지를 설명해 놓은 것이다. 따라서 서문만으로도 다른 책과의 차이점을 알 수 있다. 목차를 읽으면 책이 어떤 내용으로 구성되어 있고, 내용이 어떻게 진행되는지와 같은 전반적인 내용을 알 수 있으며, 어떤 부분이 중요한지도 알 수 있다.

　목차는 시간이 걸리더라도 암기하는 것이 좋다. 책을 다 읽고나서 책의 내용을 떠올릴 때 안내자와 같은 역할을 하기 때문이다. 경우에 따라서는 목차만 알고 있어도 책의 줄거리를 말할 수 있다.

책을 읽는 중간에는 오늘 학습할 부분의 제목을 읽어보고 어떠한, 내용이 담겨 있을 것인지를 나름대로 구상해 본 다음에 내용을 읽어야 재미있다. 자신의 생각과 실제 내용이 어떻게 차이가 나는지, 아니면 나의 생각이 맞았는지를 확인하는 과정에서 흥미가 유발된다. 작은 제목도 위와 같은 과정을 거친다.

질문 만들기(Question)

질문을 만들면서 책을 읽는 것은 무조건 읽는 것보다 시간은 더 들지만 그 몇 배의 효과가 있다. 평범한 문장을 의문문으로 바꾸면 자연스럽게 호기심이 들고 책을 읽는 목적을 알게 된다. 답을 즉시 못 찾더라도 의문문 자체가 머릿속에 저장되어 기억하기에도 좋고, 집중력이 높아지며, 답을 찾는 과정에서 실력이 수직 상승한다. 또한 평범하거나 밋밋한 문장을 의문문의 형태로 바꾸면 문장이 훨씬 다이내믹한 느낌으로 다가와서 책을 읽는 재미를 더하게 된다. 책을 읽으면서 질문을 던지는 것을 시간 낭비라고 생각하면 안된다. 이 수고가 몇 곱이 되어 실력으로 돌아오기 때문이다.

'성문기초영문법(성문출판사)'이라는 책을 이용하여 질문 만드는 방법을 살펴보자. 먼저 책의 제목을 보고, '성문기초영문법은 어떤 책일까? 성문기초영문법을 내가 배워야 하는 이유는? 성문기초영문법 책이 다른 책과 다른 점은? 등과 같이 의문형 문장을 만들어 본다. 그런 다음, 목차를 보고 '품사란 무엇인가? 어떤 역할을 하는가? 왜 영문법에는 품사라는 것이 존재할 까?' 등과 같이 내용과는 상관없고 결국에는 말도 안되는 문장일지라도, 일단은 의문 형태로 만들어 본다. 이것이 바로 '질문 만들기(Question)'이다.

공부를 하다 보면 이런 의문이 쌓이는 것이 실력이라는 것을 자연스럽게 알게 되고, 얼마나 깊이 있는 질문을 만드는지를 살펴보면 학생의 학습 능력 정도도 알 수 있다. 큰 제목과 작은 제목도 질문 만들기를 통하여 의문 형태로 바꾸어 본다.

책의 내용을 읽으면서도 질문 만들기를 계속하여 평범한 문장을 의문 형태로 바꾸어 본다. 책의 내용을 그대로 받아들이지 말고, 질문을 해 보라. 단어 하나에도 의문 부호를 붙이면 사전을 찾아 그 의미가 무엇인지 살펴보게 된다.

SECRET

읽기(Read)

질문 만들기(Question)에서 만든 질문에 대한 답을 찾아가며 책을 읽으면, 내용을 좀 더 깊이 이해할 수 있을 뿐만 아니라 책에 대한 집중력도 높일 수 있다.

이때는 내용을 이해하면서, 읽고 있는 내용을 다른 사람에게 설명한다고 생각하면서 읽는 것이 좋다. 내가 이해한 내용을 '다른 사람에게 어떻게 가르쳐 줄 수 있을까? 어떻게 설명하면 가장 쉽게 이해할 수 있을까?를 생각하면서 책을 읽으면 이해하기도 쉽고 기억에도 오래 남는다. 이와 반대로 내가 이해하지 못하는 부분에서는 남이 나에게 설명을 한다고 가정해본다. '이 부분을 다른 사람이 나에게 설명한다면 어떻게 설명할 것인가? 이것이 답인 이유는 무엇이라고 말할까?'를 생각하며 책을 읽으면, 이해가 저절로 되는 것을 알 수 있다. 책은 지루하게 읽기 때문에 지루한 것이다. 호흡과 행동, 즉 소리를 내어 읽거나 손짓, 발짓을 넣어서 읽으면 흥미가 생긴다.

책을 읽을 때는 책 전체의 내용 중에서 지금 보고 있는 내용이 어디쯤에 해당되고, 왜 이런 제목이 있어야 하는지를 생각하면서 읽는다.

외우기 (Recite)

공부 시간을 어떻게 계획하는 것이 좋으냐고 묻는다면 4:1:1의 법칙을 추천한다. 40분 공부, 10분 정리, 10분 휴식이 공부 시간으로는 최적이다. 즉, 40분 동안 공부를 한 후에 눈을 감고 10분 동안 공부한 내용을 정리하고, 10분 동안 휴식 시간을 갖는 것이다. 몇 시간씩 계속 앉아 있는 것보다는 4:1:1의 법칙을 지키는 것이 결국은 더 오래 앉아 있을 수 있고, 더 오랫동안 기억을 유지할 수 있다. 서울에서 부산까지 승용차로 갈 때 규칙적으로 휴게소에서 쉬면서 가야 빨리 가고 몸에도 탈이 없지, 급한 마음에 쉬지도 않고 계속 가면 목적지에 다 와서는 더 오랫동안 휴게소에서 머무르게 된다.

암기를 하는 데는 여러 가지 방법이 있다. 그 예로는 노래가락이나 리듬에 맞추어 외우는 운율법(예 조선왕조 왕명 순서대로 외우기 – 태정태세문단세), 첫 글자나 중심 글자만 딴 후, 의미 있는 단어나 문장을 만들어 외우는 약어법, 그림을 연상하여 외우는 시각법, 특정 장소와 연관지어 외우는 장소법, 암기 내용을 조직화하여 외우거나 매개 단어를 이용하는 암기법 등을 들 수 있다.

군이 자신만의 암기법을 찾기 위하여 많은 시간을 쏟지 말고 기존의 암기 방법을 이용하기 바란다. 이미 교과서의 어느 부분은 어떤 방법을 이용하여 암기하는 것이 좋다는 것이 알려져 있고, 선생님들이 알려 주는 경우도 있다.

SECRET

복습하기(Review)

공부를 끝낸 직후의 복습은 장기 기억력의 70~80%를 향상시킨다. 독일의 심리학자이며 인간의 '기억능력'을 과학적으로 연구한 최초의 학자인 에빙하우스(Ebbinghaus. H.)의 망각곡선에 따르면, 인간은 학습 후 10분 후부터 망각이 시작되어 20분 후에는 학습한 내용의 약 42%를 잊어버리고, 50% 정도는 불과 1시간 내에 잊어버리며, 하루 뒤에는 70%, 그리고 1개월 뒤에는 약 80%를 잊어버린다고 한다.

즉, 1개월 후에는 지금 공부한 것의 20% 정도만 기억을 하고 있는 것이다. 그런데 이 20%의 기억을 60~80%로 높일 수 있는 방법은 없을까? 그것이 가능하다면 우리는 공부한 것을 잊어버리는 억울함에서 어느 정도는 벗어날 수 있을 것이다. 에빙하우스가 여러 실험을 통해 기억력을 증진시키는 방법을 연구하여 얻어낸 결과는 '주기적인 반복'이다. 즉 일정 범위의 공부를, 일정 시간에 자주 반복하면 훨씬 더 오래 기억할 수 있다는 것이다.

에빙하우스는 망각으로부터 기억을 지키기 위한 가장 효과적인 방법은 복습이고, 복습에 있어서는 주기가 매우 중요하다는 것을 알게 되었다. 망각은 학습 후 9시간까지 매우 빠르게 진행되며, 특히 최초 20분까지는 엄청난 속도로 망각이 진행된다. 최초의 복습은 학습 후 10~20분 후에 실시하는 것이 가장 효과적이다. 공부를 마치고 10분 후에 복습하면 1일 동안 기억되고, 같은 부분을 1일 후에 복습하면 1주일 동안 기억되고, 다시 1주일 후에 복습하면 1달 동안 기억되고, 다시 1달 후에 복습하면 6개월 이상 기억된다는 것이다. 이 연구 결과는 공부한 내용을 잊지 않고 장기 기억화시키기 위해서는 10분 후 복습, 1일 후 복습, 1주일 후 복습, 1달 후 복습이 반드시 필요하다는 것을 말해 준다.

'복습하기'에서 중요한 것은 노트 필기의 조직성이다. 학생이 복습의 도구로 이용하는 것은 노트이고, 노트에는 교과서 정리 및 중요 사항이 체크되어 있다. 잘 작성된 노트는 자신이 찾는 것이 어디에 있는지 빨리 찾을 수 있다. 이 노트는 정리가 깨끗하게 되어 있을 수도 있고, 지저분할 수도 있으며, 여러 가지 색깔로 칠해져 있을 수도 있고, 암호화된 기호로 가득 차 있을 수도 있다.

이때 노트의 모양은 문제가 되지 않는다. 각자의 성격에 따라서 어느 형태이든지 찾는 것을 빨리 찾을 수 있고, 다시 보고 싶을 정도로 내가 좋아하는 것들이 가득하면 나에게는 좋은 노트이다.

특목고나 서울대에 입학한 간 사람의 노트를 따라할 필요는 없다. 참고 사항은 될 수 있을지라도 자신에게 익숙하지 않으면 좋은 노트가 아니다.

복습의 완성은 남에게 가르쳐 보는 것이다. 설명을 하다 보면 자신이 무엇을 알고 있고, 모르고 있는지를 파악할 수 있으며, 자세히 알지 못하여 머릿속에서 맴돌던 것들을 저절로 알게 되는 경험도 하게 될 것이다.

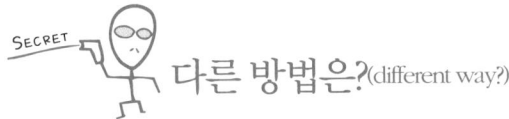

다른 방법은?(different way?)

'different way?(다른 방법은?)'는 기존의 책 내용과 같거나 대신할 다른 내용을 찾는 것이다. 이는 창조적 작업이자 최상위권 학생들의 공부방법이기도 하다. 어떻게 하면 남과는 차별화된 답안을 만들고 조금 더 좋은 점수를 얻을 수 있을까 하는 고민에 대한 답으로 시험에서는 고득점을 가능하게 한다.

문제를 출제하는 사람들은 정답만을 요구하는 것이 아니다. 문제를 풀어가는 과정이나 남들과 다른 독특한 답안을 요구하기도 한다. 독특한 답안의 가치는 발전 가능성을 추정하는 기준으로 작용하며, 자신의 존재 가치를 알리는 역할도 한다.

사지선다형의 문제가 아닌 한 정답은 중요한 것이 아니다. 채점자들은 기존의 정답에 만족하지 않고 다른 해결책을 내놓았을 때 만족한다.

'different way?'라는 학습방법을 공부에 적용하면 기존 정답지를 그대로 베끼거나 보통 사람들이 내놓는 답이 아닌 자신만의 답안을 만들 수 있기 때문에 가산점을 받게 되는 원인이 되기도 한다.

공부를 하면서 'different way?'를 찾는 학생들은 자신의 공부 단계를 한 단계 올리는 계기를 만들 수 있다. 'different way?'는 모든 과목과 책 내용에 적용된다. 영어나 국어의 경우에는 '이 단어나 문장만으로 이 표현이 가능한가? 다른 단어나 문장으로 바꾸어도 의미가 변하지 않을까? 조금 더 고급스런 표현 방법에는 무엇이 있나?' 등을 찾는 것이다. 하나의 단어를 보더라도 '다른 단어로 교체 가능한 것은 무엇이 있는가? 이보다 더 정확하게 표현할 수 있는 단어에는 무엇이 있는가?'를 찾는 것이 'different way?' 이다.

수학의 경우에는 '책에 나온 풀이 과정과 다른 방법으로 풀 수는 없을까? 다른 공식을 이용하여 풀 수 있는 방법은 없을까?'를 생각하고 찾아보는 것이 'different way?'이다.

여기서 주의해야 할 것은 기존 해석이나 해법의 존중이다. 정답을 내는 1차적인 방법은 기존 책의 방식이나 단어이고, '다른 방법은?'에 해당되는 것은 2차적이고 부가적인 방법이라는 것이다. 정답을 요구할 때 책에 있는 답을 우선으로 택해야 하며, '다른 방법은?'에서 얻은 답은 또 다른 답을 쓸 수 있는 여유가 있을 때 쓰는 것이다. 단, 논술에 있어서는 기존의 논술 풀이를 무시하고 자신만의 논리를 전개하여도 좋다.

CSQ3Rd의 적용하는
3가지 방법

　CSQ3Rd는 공부를 역동적으로 만든다. 책을 읽고, 이해하고, 외우고 복습하는 기존의 공부방법에서 벗어나 저자의 입장에서 책을 구성하고, 질문형으로 만들며, 기존의 방법에서 벗어나 다른 방법을 찾는 공부는 역동적이고, 능동적이며, 공부하는 과정을 흥미롭게 만든다.

　'CSQ3Rd'는 책을 볼 때 책을 어떻게 읽어나갈 것인지를 알려 준다. 또한 'CSQ3Rd'는 책 전체에 적용되면서도 책을 읽는 부분에도 적용된다. 'CSQ3Rd'를 설명할 때는 7단계를 각각 분리하여 설명하였지만, 실제로 책을 읽으면서 적용을 할 때는 7단계에 걸쳐서 읽는 것이 아니라 7단계가 동시에 적용된다.

전체와 부분에 모두 적용한다

　책을 처음 볼 때는 내가 책의 저자라면 이 책을 어떻게 구성할 것인지를 생각하면서(Change) 책 전체를 훑어본다(Survey). 책을 훑어볼 때는 책 제목과 큰 제목, 그리고 소제목 등을 질문 형태로 바꾸어서 책에 대한 흥미를 이끌어 내도록 한다(Question). 이후 읽거나(Read) 외울 때(Recite)는 질문에 대한 답을 항상 염두에 두도록 하고, 찾은 답 외에 다른 방법(different way?)으로 답을 찾아낼 수 있는지를 확인한다.

　책을 읽어가는 도중에도 부분적으로 'CSQ3Rd'를 적용한다. 예를 들어 'The boy lives in Seoul.'이라는 문장을 읽을 때, 내가 책의 저자라면 이 문장으로 만족할 것인가?(Change)를 생각하면서 다른 단어를 사용하여 문장을 바꾸어 본다(different way?). 그리고 이 문장을 '서울에는 누가 살고 있는가? 소년이 살고 있는 곳은 어디인가?' 등의 질문 형태로 바꾸어 보고(Question), 다른 단어나 표현을 사용하여 이 문장과 같은 뜻을 지닌 문장으로 바꾸어 본다(different way?).

　위의 예를 자세히 살펴보면 7단계 모두가 적용되지 않은 것을 알게 된다. 전체에 적용할 때는 7단계 전부가 적용되지만 부분에 적용할 때는 이 중에서 몇 가지만 적용되는 경우가 많다. 어느 때 무엇이 적용되는지는 문장이나 문제의 형태에 따라 그때그때 차이가 나기 때문에 많은 연습이 필요하다.

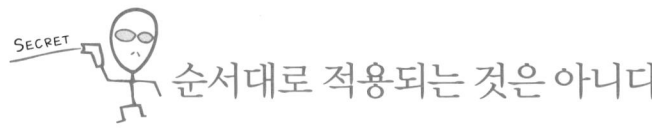

순서대로 적용되는 것은 아니다

부분적으로 적용되는 예에서 보듯이 'CSQ3Rd'는 7단계가 순서대로 적용되지는 않는다. 되도록이면 7단계 모두를 적용하는 것이 좋지만 순서대로 적용하기 위해 애를 쓸 필요는 없다. '시각 바꾸기(Change)'가 첫 번째 단계이지만 글을 읽으면서 '질문 만들기(Question)'가 먼저 적용될 수도 있고, '다른 방법은?(different way?)'이 먼저 적용될 수도 있다. 즉, 문장과 문제에 따라 순서대로 적용될 수도 있고, 그렇지 않을 때도 있다는 것이다.

동시에 적용한다

책을 읽어나가는 도중에는 'CSQ3Rd'를 별도로 분리하여 하나하나 적용하는 것이 아니라 책을 읽어가면서 동시에 적용한다. 책 전체를 바라보고 구성할 때는 어느 정도 분리하여 적용할 수도 있지만 책 내용을 읽어나갈 때는 읽으면서 동시에 적용하는 경우가 많다.

분리 적용한다면 둘 중에 하나를 먼저 적용한 후에 다른 것을 적용하지만 실제로 책을 읽을 때는 동시에 둘을 적용한다. 하지만 처음부터 동시에 적용하기는 어렵다. 자연스럽게 동시 적용하기 위해서는 처음에는 순서대로, 그리고 단계별로 적용하는 연습을 계속하여야 한다. 그러면 어느 순간 자신도 모르게 동시에, 그리고 순서에 관계없이 적용하고 있음을 알게 된다.

공부에 빠져들다.

공부중독

공부에 빠져들다.

PART.5

대한민국 청소년,
공부에 중독되다

Step 01

공부중독,
하루 이야기

용대는 중학교 3학년 학생이다. 용대는 좋은 공부습관에 중독되어 있다.
용대는 다른 사람에게 자랑할 만큼 성적이 좋은 것도 아니고, 경시대회에
나가서 상을 받은 적도 없다. 성적이 0.1% 안에 드는 것도 아니다. 특목고
에 갈 것도 아니다. 하지만 용대는 공부에 대한 자신감이 있고, 자신이 서
울대 의대에 들어간다는 것을 한 번도 의심해 본적이 없다. 그 이유는 지금
그에 대한 충분한 준비를 하고 있기 때문이다.

용대가 처음부터 공부를 좋아했던 것은 아니다. 중학교 1학년이 끝나 가
도록 게임에 빠져 있었고, 주말에는 친구들과 어울려 pc방에서 살다시피
했다.

무엇 하나 특별히 잘하는 것도 없고, 영재성도 천재성도 보이지 않았다. 그저 착하다는 정도의 이야기만 듣고 있었을 뿐이다.

그러다가 중학교 1학년이 끝날 무렵 자신의 미래에 대해 걱정을 하다가 공부중독 프로그램을 거친 후, 지금은 공부 없이는 살 수 없을 정도로 바뀌었다. 공부중독 프로그램을 3개월에 걸쳐서 반복한 후부터 공부와 말이 통하기 시작했고, 공부의 재미에 감염되었다.

밋밋하기만 하였던 공부는 살아 숨쉬는 생명같이 꿈틀거렸고, 공부의 중요성을 인식한 후에는 오로지 앞만 보고 공부하기 시작했다.

6시 30분에 기상

아침 6시 30분, 용대는 휴대전화 알람 소리에 눈을 뜬다. 지금은 6시 30분에 일어나지만 2학년 초까지는 6시에 일어났다. 그때는 6시에 일어나서 아침 자습을 위하여 학교에 일찍 갔었는데, 아침 공부가 자신에게는 힘들고 능률도 오르지 않는다는 것을 안 후에는 아침자습을 안하게 되었다. 예전 같으면 다른 학생들에게 뒤진다는 생각에 불안했겠지만 지금은 여유가 있다. 각자 공부 방식과 생체 리듬이 다르다는 것을 인정하고부터는 다른 친구들의 공부에 신경을 쓰지 않는 것이다. 다른 학생들이 밤새 공부를 한다 할지라도 그들만의 방식일 뿐 자신만의 공부 방식을 유지하는 것이 편하다고 생각한다.

용대는 6시 30분에 일어나서 아파트 단지 내에 있는 테니스장에서 30분간 테니스를 친다. 용대가 테니스를 친 것은 1년 남짓되었다. 테니스가 끝나면 집에 와서 아침 식사를 하고 학교에 간다. 지금은 학교 교실로 직접 가거나 시간이 남으면 농구를 하다가 교실로 들어가지만 이렇게 된 것은 모두 공부중독 덕분이다. 처음에는 학교 가는 것이 싫어서 학교 근처 PC방에서 게임을 하다가 지각을 하기도 하였다. 물론 지금도 게임이 재미있다. 공부에 재미를 붙이고서도 게임을 끊으려 하지는 않았다.

공부중독 프로그램을 통하여 목표를 만들고 공부에 조금씩 재미를 느끼면서 저절로 게임을 하는 시간이 줄어들었다. 지금은 공부도 재미있고, 게임도 재미있다. 명절이나 특별히 정해 놓은 날에는 게임만 하루종일 하고 다른 날에는 공부만 하는 것으로 스스로 타협을 하였더니, 공부와 게임 간에 갈등이 없고, 게임을 하면서도 부모님의 눈치를 보지 않아서 좋다.

8시 30분부터 4시 30분까지 학교 수업

학교에서의 생활은 재미있다. 선생님도 좋고, 친구들과도 재미있게 지내고 있다. 쉬는 시간 몇 분은 용대에게 중요한 시간이다. 화장실에 가는 일 이외에는 잠시라도 복습을 하는데, 2~3분 정도의 복습이 집에서의 복습 시간을 많이 단축시키기 때문이다. 처음에는 별 소용이 없을 것이라 생각했지만 한 달 정도 지나니 그 효과를 느낄 수 있었다. 성공에 대한 경험이 좋은 습관을 만들어 준 것이다.

용대가 공부라는 것을 한번 해 보겠다고 처음 마음먹은 것은 초등학교 6학년 때였다. 초등학교 때 추억거리 하나 정도는 만들고 졸업하겠다고 생각한 것이 전체 1등을 해 보겠다는 것이었다. 그전까지는 그저 학교에 가서 노는 것이 전부였는데, 밤 12시까지 3개월 정도를 공부에 집중을 하였고, 노력은 그대로 성적에 반영되어 2학기 마지막 시험에서 덜컥 전체 1등을 하였다. 이때의 성공 경험은 공부는 한 만큼 성과가 있다는 믿음을 주게 되었고, '나도 언제든지 1등을 할 수 있다'는 자신감을 얻게 되었다. 단 한 번의 성공 경험은 머릿속에 뿌리 깊게 자리 잡아서 중학교 입학 후 한동안 방황하였던 용대가 다시 공부에 집중할 수 있도록 안내하는 역할을 하였다. 자신감은 성공 경험을 바탕으로 만들어진다. 과거에 이룬 성적이나 성공 경험은 자신의 능력에 대한 신뢰를 주어 앞으로 하고 싶은 목표에 대한 가능성을 확신시켜 준다.

용대가 학교를 다니면서 가장 힘들어하는 시간은 공부시간이 아니라 점심시간이다. 용대는 햄버거에 들어 있는 야채를 빼고 먹을 정도로 야채를 싫어한다. 그런데 학교 급식은 온통 '채소밭'이다. 용대가 다니는 학교는 고기를 먹지 않는 특정 종교 재단의 학교이기 때문이다. 점심식사 후에는 잠깐의 낮잠을 즐긴다. 잠이 안 오더라도 책상에 엎드려서 10분이라도 눈을 붙인다. 짧은 낮잠이지만 모자라는 밤잠을 보충하기에는 충분하고, 오후 수업시간에 집중하는 데 도움이 된다.

4시 30분에 하교

방과 후 학습에도 용대는 참여하지 않는다. 집에 와서 혼자 공부하는 것이 효율적이라 생각한 것이다. 중독 전에는 학원에 가서 수업을 들은 후에 11시가 다 되어 집에 돌아왔는데, 지금은 훤한 대낮에 집에 온다. 학원을 다니지 않는다고 했을 때 엄마는 성적이 떨어지지 않을까 걱정했지만 지금은 그런 걱정이 없다. 성적이 오르기 때문이다. 나 혼자 공부를 하면 다른 아이들과의 경쟁도 없고, 성적에 대한 비교도 없고, 학원에 오가는 시간도 절약된다. 주위 환경에 영향을 받지 않고 공부를 하는 것이 공부중독이다. 특목고를 다니든, 일반고를 다니든, 학습 환경에 관계없이 일정 수준의 학습능력을 발휘하는 것이 공부중독이다. 의대 진학을 위해 과학고에 진학하는 것은 편법이라고 생각하는 용대가 일반고로 가기로 한 것은 스스로의 학습에 자신이 있었기 때문이다. 그러나 여기서 주의해야 할 점이 있다. 공부중독에 빠져 혼자 공부를 한다고 하여 학원이나 과외 또는 인터넷 학습을 하지 않는 것은 아니라는 것이다. 혼자 공부를 하다가 필요한 경우에는 학원에도 갈 수 있으며, 과외도 할 수 있는 것이다. 공부중독은 자신의 공부 계획을 스스로 세워서 계획에 따라 공부를 하는 것이지, 혼자 공부를 한다는 것은 아니다. 만약, 학원의 도움이 필요한 경우에는 학원에 다닐 수도 있다.

친구들과의 관계는 좋다. 아직 초등학교 동창들과 소식을 나누고 있고, 지금의 학교 친구들과도 사이가 좋다. 다만 예전에는 방과 후에 친구들과 놀던 것이 이제는 몇 달에 한 번 정도로 줄어들었다. 이상한 것은 성적이 낮았을 때보다 지금이 친구들이 더 많다는 것이다. 분명 친구들과 어울리는 시간도 줄었고, 더 잘 해 주는 것도 없는데 친구들은 더 늘었다. 친구들과 문자를 주고받느라고 손에서 놓지 않았던 휴대전화는 이제 공부 시간이 되면 꺼놓는다.

용대는 아직 사춘기 과정에 있다. 가끔은 이유 없이 가슴이 답답할 때도 있고 머리가 아플 때도 있다. 병원에 가서 MRI도 찍어 보고 상담도 해 보았지만 아무 이상 없다는 말만 들었다. 중1 때는 1박 2일의 가출도 했었지만 가출 자체의 무서움에 다음날 집에 들어왔다. 공부 중에 가장 힘든 것은 이유 없이 몰려오는 답답함이다. 땀이 흥건하도록 동네를 뛰어다니고, 무리하게 운동도 해 보았지만 그래도 가끔은 답답함이 밀려온다. 억지로 참는다고 풀어지는 것도 아니고 뛰쳐나간다고 해서 해결될 일이 아니라는 것을 깨달은 후부터는, 답답할 때마다 밤에라도 아빠와 같이 차를 타고 드라이브를 하거나 먼 산을 바라본다. 그러면 조금은 풀어진다.

5시 30분부터 집에서 혼자 공부

집중도 높은 공부는 빠른 진도를 보여 주었다. 중학생이 되면서부터 1년 이상을 끌었던 성문기초영어를 하루에 단어 30개씩을 외우면서 6개월 만에 끝냈고, 성문기본영어도 6개월에 끝마쳤다. 비록 특별한 아이들처럼 TOFLE을 하고 경시대회에 나가서 상을 받은 적은 없어도 조금씩 자신만의 세계를 만들어 가고 있다. 용대는 현재 성문종합영어와 수학 정석을 풀면서 고등학교에 대비하고 있다.

용대의 방 안에는 너비가 1미터 정도되는 조그마한 나무 책상이 있고, 그 책상 위에는 녹색 유리갓을 쓰고 있는 스탠드와 책 한 권, 그리고 사전이 놓여 있다. 선반 위에 놓여 있는 노트북은 인터넷 학습을 위해 마련한 것으로, 학습이 끝나면 선을 뽑아서 선반 위에 올려놓는다. 책장에는 베르나르 베르베르의 소설과 해리포터 원서가 있고, 벽에는 가족 사진이 걸려 있다.

공부를 할 때는 휴대전화를 끄고 스탠드의 불을 밝힌다. 예전에는 공부를 한다고 하면 거실의 텔레비전도 끄고, 가족 모두 숨죽이고 있었다. 공부 중독 프로그램 초기까지도 그랬다. 학원을 다니는 것을 당연시했을 때는 용대가 집에 있는 것보다 학원에 있는 것을 가족들은 더 좋아했다. 용대가 있을 때의 불편함이 사라지기 때문이다. 이제는 공부를 한다고 하여 다른 가족들의 생활을 방해하는 일은 없다. 엄마는 거실에서 텔레비전을 보고 동생은 인터넷 게임이나 검색을 한다. 밖의 소리가 들리지 않는 것은 아니지만 공부에 방해되지는 않는다. 각자가 좋아하는 일을 하는 것이 용대에게도 편안하다.

공부중독 전에는 가족 전체가 용대의 공부와 성적에 영향을 끼치는 환경에 예민한 반응을 보였지만, 공부중독 후에는 공부에 관심은 두되, 간섭을 하지 않는 여유를 갖게 된 것이다. 지나친 호의는 불편이 될 수도 있고, 용대 역시 그런 환경이 미안하고 불편하였다. 그러던 중 공부중독 후에 나타난 용대의 성적의 변화는 부모님에게 믿음을 주었고, 부모님은 공부에 관한 용대의 계획을 존중하고 믿어 주게 된 것이다. 가족 전체의 변화와 마찬가지로 용대에게도 공부중독 후에 많은 변화가 있었다. 목표가 생겼고, 지금 해야 할 일이 무엇인지를 알게 되었으며, 공부를 할 수 있다는 것의 중요성을 알게 되었다.

많은 변화 중에 스스로를 뿌듯하게 만드는 것은 하루의 의미가 달라졌다는 것이다. 게임을 하거나 인터넷을 할 때, 그리고 친구들과 어울릴 때는 그 시간이 지나면 허전하고 잠에 들 때도 남아 있는 것이 없었다. 혼자 있을 때는 할 일이 없어 답답하기만 하였다.

그러나 이제는 목표가 있고, 할 일이 있고, 피곤한 몸이지만 하루가 끝날 때마다 뿌듯함이 느껴진다. 또한 노력에 대한 보상으로 성적이 올라 공부도 재미있다. 생활이 단순화되면서 심리적 안정감을 얻었고, 사춘기적 반항이 확연히 사라졌으며, 고민도 줄어들었다.

공부를 하다가 쉬는 시간에는 기타를 치거나 거실에 나와서 가족하고 이야기를 나눈다. 대부분은 짧게 쉬고 방 안에 들어가지만 텔레비전에서 개그나 다큐멘터리 프로그램을 할 때는 조금 더 본다. 자신이 충분히 쉬었다고 생각할 때 다시 공부를 하는 것이 훨씬 효과적이라는 것을 알기 때문에 휴식을 아까워하지 않는다. 지금은 충분히 쉬고 충분히 공부하고 있다.

12시에 잠자리

영어 일기를 쓰고 고슴도치 밥을 주고 밤 12시에 잠자리에 든다. 예전에는 새벽 공부를 하겠다고 10시에 자서 4시에 일어난 적이 있었다. 하지만 공부는 공부대로 안되고 하루 종일 졸립기만 해서 새벽공부는 포기하고, 이제는 잠을 충분히 자고 일어난다. 매일이 반복되는 생활이지만 아침에 눈을 뜰 때마다 오늘에 대한 기대로 가슴이 설렌다. 침대에 누워서 휴대전화로 음악을 들으며 잠을 자는 것이 공부에 중독된 용대의 유일한 낙이다.

Step 02

좋은 공부습관은
따로 있다

메모하는 습관이 없었다면 아인슈타인이 존재할 수 있었을까? 에디슨에게 호기심이 없었다면 위대한 발명가가 될 수 있었을까?

일기를 쓰는 습관을 평생 지켰던 대문호 톨스토이가 일기를 쓰지 않았다면? 여섯 번의 파산 후에도 성공한 월트디즈니에게 긍정적 생각을 갖는 습관이 없었다면? 실패한 사람과 성공한 사람의 차이는 그들의 습관에 달려 있다. 앞에서 언급한 사람들이 성공할 수 있었던 이유는, 이들이 성공을 부르는 습관을 가지고 있기 때문이다. 세상의 위인과 성공한 경제인에게 있어서 성공의 첫째 요인은 습관이다.

SECRET 습관

　전쟁터에서도 놓지 않았던 책은 나폴레옹을 단순한 전쟁 영웅에 머무르지 않고 후세의 사람들이 문화전파사로서 기억하게 하였다. 나폴레옹의 학식은 이집트 원정에서도 나타나는데, 이 전쟁에서 모래더미에 묻혀 있었던 이집트의 문명을 세상에 알림으로써 고고학을 한 단계 올려놓았고, 이와 같은 업적은 인문학적 지식을 소중히 한 그의 책 읽는 습관에서 비롯되었다.

　평생을 시계와 같이 살았던 철학자 칸트는 하루의 일과를 철저하게 자신이 정해 놓은 시간표에 따라 살았다. 오전 5시 정각에 기상하였고, 오후 식사 후에는 어김없이 산책을 했는데, 그 보폭과 속도가 얼마나 정확했는지 산책하는 칸트가 지나가는 시각에 주민들이 시계를 맞추었다고 한다.

　"무절제한 낭비는 비참한 가난을 부른다."라며 어머니에게서 근검절약하는 습관을 배운 석유 왕 록펠러는 세계 최고의 부자가 되었을 뿐만 아니라 여러 자선 사업을 통하여 세상에 기여하고 있다.

　미국의 경제학자 토머스 스탠리 교수의 '부의 세습'에 대한 연구 결과를 보면, 미국 재벌의 80%가 중산층이나 노동자 출신 가정에서 태어났고, 부모로부터 기업을 물려받은 자녀는 20%에 불과하다고 한다. 노동자 계층의 자녀로서 자수성가한 사람들의 공통점은, 부모로부터 성실, 정직, 용기, 신앙과 같은 성공을 위한 좋은 습관을 물려받았다는 것이다.

　습관은 미래를 결정하거나 바꾸는 힘이 있다. 우리는 어렸을 때부터 "버릇을 바꿔라."는 부모님의 이야기를 많이 들어 왔다. 이는 지금의 나보다 더 나은 내가 되기 위해서는 내가 변해야 하고, 변하기 위해서는 습관을 바꿔야 한다는 것을 의미한다.

공부에 있어서도 현재의 공부습관을 보면 어느 정도의 성적이 나오고 어느 정도의 대학을 갈 것인지를 알 수 있다. 그렇기 때문에 나의 미래를 결정하는 습관은 무섭기까지 하다. 공부를 하는 사람에게 있어서 공부를 잘하고 못하고의 차이는 그들의 습관에 있다. 잘하는 사람은 공부를 잘할 수밖에 없는 습관을 가지고 있고, 못하는 사람은 못할 수밖에 없는 습관을 가지고 있다. 공부를 잘하기 원한다면 좋은 공부습관을 가져야 하는 것은 당연하다. 공부를 잘할 수밖에 없는 좋은 습관을 몸과 마음으로 익혀서 내 안의 무의식적이고 일반화된 프로그램으로 저장하여, 공부를 하는 순간만큼은 그대로 반복하여야 한다.

전문가는 동일한 일의 반복에 의해 만들어진다. 운동선수도 화가도 피아니스트도 똑같은 훈련을 반복하여 전문가가 되는 것이다. 운동선수는 매일 똑같이 반복하는 훈련을 통하여, 피아니스트는 똑같은 곡을 수백 번 두드려서, 화가는 똑같은 정물을 수십 번씩 그린 후에 전문가의 위치에 오르는 것이다. 전문가의 행동은 무의식에서도 작용하는 '습관'이 만들어 낸다. 비슷한 상황의 연속에 의해 익숙하고 동일한 결과가 나오도록 훈련한 내용이 습관으로 몸에 굳은 상태가 전문가이다. 공부에 전문가가 있다면 좋은 공부습관을 계속 반복하여 공부에 적용하는 사람일 것이다.

좋은 공부습관

공부습관은 나의 미래를 움직이는 힘이다. 좋은 공부습관은 좀 더 나은 미래를 보장하며, 나쁜 공부습관은 나의 미래를 불투명하게 만들 것이다. 좋은 공부습관이란, 기본적으로 목표가 있는 공부습관, 자신감이 있는 공부습관, 학습전략이 있는 공부습관을 말한다. 여기서 목표, 자신감, 학습전략은 공부를 잘하기 위하여 필요한 3요소로서 좋은 공부습관을 형성하는 데 있어서 커다란 역할을 한다.

공부를 해도 성적에 변화가 없거나 현재의 성적에 만족하지 못할 때, 그리고 공부가 불안할 때는 공부습관을 바꿔야 한다. 현재의 공부가 불안한 것은 과거 공부습관의 결과인 현재의 성적이 만족스럽지 못한 까닭이므로 불안을 느낄 때는 습관을 바꿔야 한다. 미래를 변화시키기 위해서는 내 안의 '변화 본능'을 깨워야 한다. 이를 계속 미루다가는 나에게 더 나은 미래를 기대할 수 없다.

이제 역전할 수 있는 때가 왔다. 나는 변할 것이고, 이제 다른 학생들이 나의 공부방법을 따라하고 나를 공부 모델로 삼아 내 이야기에 주목하게 될 것이다. 이렇게 되는 데 필요한 것은 '나의 결심'이다. 어떤 도구도, 돈도, 사람도 필요없다. 오로지 나의 모진 결심 하나로 이러한 변화를 가져올 수 있다.

Step 03

좋은 공부습관을 만드는 3가지 방법

SECRET ## 공부습관 변화의 필요성 인식

한번 형성된 습관을 바꾼다는 것이 얼마나 어려운지는 다음의 사례를 통해 알 수 있다.

1714년 영국의 밀(Mill)이 타자기 특허를 받았지만, 오늘날 가장 널리 쓰이는 개인용 컴퓨터(PC) 키보드의 영문 자판인 '쿼티 자판'은 미국인 크리스토퍼 숄스가 1873년에 발명한 것이다. 숄스가 타자기를 만들 때 기존 타자기의 자판은 알파벳 순서대로 배열되어 있었는데 빨리 칠 경우에는 가끔씩 자판이 끼어서 나오지 않는다는 불편함이 있었다. 그래서 숄스는 자판이 끼지 않는 방법을 생각하였는데, 알파벳을 서로 떨어뜨려 놓았더니 빨리 칠 경우에도 자판이 끼지 않았다. 숄스는 알파벳이 이리저리 흩어져 있는 것을 설명하기 위하여 '자판의 알파벳 배열을 이렇게 배열해야 타자 속도가 빨라진다'고 선전하였는데, 고객들은 그의 말을 그대로 믿었고, 지금도 이 배열이 타자 속도를 높인다고 생각하고 있다. 그러나 문자판 상단 왼쪽부터 알파벳이 'QWERTY……'순으로 배열되어 있는 숄스의 배열법은 현대적 기술로 보면 매우 비과학적이며 불편한 것이었다. 그래서 이를 수정한 자판이 많이 나왔고 1932년 어거스트 드보락이 인체공학적으로 더 효율적인 자판을 개발했지만, 이미 사람들의 손에 익숙해져 습관이 되어 있는 쿼티 자판을 넘어서지는 못했다. 이렇듯 한번 형성된 습관을 바꾼다는 것은 어려운 일이지만, 의식적으로 노력하면 얼마든지 바꿀 수 있다.

미국의 철학자인 윌리엄 제임스는 '생각이 바뀌면 행동이 바뀌고, 행동이 바뀌면 습관이 바뀌고, 습관이 바뀌면 인격이 바뀌고, 인격이 바뀌면 운명이 바뀐다.'라고 하였다. 공부하는 학생이 걱정할 것은 걱정하는 마음 자체이다. 즉, 할 수 있을까 하는 의심과 할 수 없다고 포기하는 마음이다. 시도해 보기도 전에 걱정할 필요는 없다. 습관은 본디 타고나는 것이 아니라 길들여지는 것이다.

공부습관도 자신이 언제든지 바꿀 수 있다. 좋은 공부습관을 만들기 위한 출발점은 '바꿀 수 있고, 변할 수 있다.'는 '생각'이다. 지금 나에게 정말로 필요한 것은 무엇인가?

변화를 위한 의식적 노력

좋은 공부습관을 가지려는 마음이 있다면 최대한 새로운 길을 걸으려고 노력해야 한다. 우리들의 일상은 무의식 속에서 습관에 의해 지배받고 있다. 아침에 일어나 씻고, 이를 닦고, 옷을 갈아입고, 아침을 먹고, 학교에 가는 것도 일상의 습관이다. 학교에 가서 공부 시간에 무엇을 하는지도, 쉬는 시간에 무엇을 하는지도 자신의 학습습관에 의해 반복된다. 이처럼 사람들이 매일 똑같은 행동과 똑같은 선택을 반복하는 것은 보이지 않는 습관에 묶여 있기 때문이다.

습관은 형성하기도 어렵지만 한번 형성된 습관을 바꾸기도 힘들다. 일단 몸에 밴 습관은 '세 살 버릇 여든까지 간다.'는 말처럼 의식적으로 바꾸거나 환경이 변하지 않는 한 평생동안 계속될 것이다.

아이에게 나쁜 공부습관이 있다면 어떻게 해야 할까? 나쁜 습관을 고치려 하지 말고 좋은 공부습관으로 바꾸는 것이 훨씬 쉽다. 나쁜 습관은 버리려고 할수록 버려지지 않으며, 더욱 강력하게 자신을 괴롭힌다. 좋은 습관이 나의 행동과 마음에 서서히 젖어들어 나쁜 습관을 밀어내면 나쁜 습관은 자연스럽게 잊혀진다.

나의 성적에 변화를 가져오기 위해 필요한 것 중 하나는 변화에 대한 확신이다. 롯데 자이언트의 감독 가르시아가 팀을 맡은 후 처음으로 선수들에게 한 일은 미래 비전과 자신감을 심어 주는 것이었다. 즉, 현재는 성적이 형편없지만 곧 새로운 변화가 찾아올 것이고, 목표에 도달할 수 있다는 신뢰를 주었다.

효율을 높이려는 과정에서 나쁜 결과가 나타날 수도 있다. 그렇다고 효율을 높이려는 노력을 멈출 수는 없다. 변화의 과정 중에는 과거의 편안한 습관에 대한 집착이나 미련이 남을 수도 있다. 하지만 지금의 길이 옳다는 확신을 갖고 두려움에 맞서야 한다. 변화를 가로막는 주위의 냉대나 자신의 능력에 대한 회의, 조급한 마음은 조금 더 높고 다른 세계로 가려는 사람이라면 누구나 갖고 있는 문제이다. 더 나아지는 과정으로 생각하고, 나의 용기로 넘을 수 있는 산이라고 생각하며 담담하게 맞이하라.

좋은 공부습관을 만드는 방법 3가지

좋은 공부습관을 만드는 일은 생각보다 간단하다. 사소하다 싶을 정도의 행동 하나를 반복하면 된다. 하지만 '몸에 좋은 약이 입에는 쓰다.'는 속담처럼 좋은 습관을 익히다 보면 처음에는 답답하거나 불편할 때가 많다. 과거의 습관이나 무의식적으로 파고드는 실패에 대한 불안감, 부정적 환경에 대한 회의 등에 집중될 때도 있다. 그러나 이러한 저항은 변화를 추구하는 모든 이에게 나타나는 동일한 과정이며, 이 단계를 넘어서야만 새로운 공부습관을 만들 수 있다.

첫째, 사소한 행동 하나, 아무런 생각 없이 하는 행동 하나하나가 습관이 된다.

오그 만디노(Og Mandino)는 그의 책 《위대한 상인의 비밀》에서 "인간을 성공으로 이끄는 가장 강력한 무기는 풍부한 지식이나 피나는 노력이 아닝, 바로 사소한 습관이다. 인간은 습관의 노예이며, 아무도 이 강력한 폭군의 명령을 거스르지 못한다. 따라서 좋은 습관의 노예가 되기 위해 노력하라."라고 강조했다.

주의가 산만하여 10분을 앉아 있지 못하는 진호에게 10분이 지날 때마다 "실컷 웃고 박수를 쳐보라."고 하였다. 일주일이 지난 후 상담실에 찾아온 진호는 신이 나 있었다.

"신기하게도 지금은 엉덩이가 아플 때까지 앉아 있어요. 처음에는 내가 미친 것이 아닌가 생각했는데, 웃고 박수치는 것이 점점 재미있어지고 공부의 지루함이 없어졌어요."

진호는 이제 스스로 공부를 즐기는 법을 알게 된 것이다. 웃고 박수치는 것은 공부를 축제처럼 만들었고, 공부가 지루하다는 생각을 잊게 만들었다. 진호는 박수를 받을 자격이 있다. 좋은 공부습관은 이렇게 사소한 행동하나로 만들어가는 것이다.

둘째, 생활의 단순화이다. 좋은 공부습관은 '효율성 높은 공부'를 하는 습관을 말한다. 여기서 효율성 높은 공부란, 가장 적은 시간과 노력을 투입하여 가장 높은 성적을 만들어 내는 것이다. 효율성 높은 공부가 되기 위해서는 분명한 목표가 있는 것도 중요하고, 자신감 있는 공부와 좋은 전략도 필요하지만, 기본적으로 생활이 단순해야 한다. 하루의 일과를 최대한 단순하게 만들어서 같은 행동의 반복이 연속되어야 한다.

극단적으로 말한다면 하루의 계획표가 학교에 가는 것과 공부하는 것 외에는 없어야 한다. 집에서도 화장실 가는 것 외에는 별도로 하는 것이 없어야 한다. 그러면 그렇게 사는 것이 무슨 의미가 있느냐고 물을 수도 있지만, 학생이 가장 잘할 수 있는 것은 공부이고, 잘해야 하는 것도 공부이므로, 좋은 공부습관이 몸에 밸 때까지는 그렇게 해야 한다. 결국 생활이 단순화되면 여유 시간이 많아져서 쉬고 노는 시간도 많아진다. 생활의 단순화는 나를 묶어 두는 것이 아니라 나의 휴식 시간을 확보해 준다.

공부 잘하는 사람은 시간을 허비하지 않는다. 많은 부분에서 능력을 발휘하여 '엄친아'의 이름을 듣는 사람들도 부분 부분에 집중하여 시간을 낭비하지 않기 때문에 여러 부분에서 성과를 내는 것이지, 잡다하게 이것저것에 시간을 쪼개서 시간표를 복잡하게 만드는 것이 아니다. '엄친아'가 천재인 경우는 아직 보지 못했다.

셋째, 한 번에 하나씩 해야 한다. 좋은 공부습관을 만들 때는 내가 반복적으로 할 수 있는 일을 계획하고, 한 번에 모든 것을 바꾸는 것보다는 단 하나만이라도 바꿀 수 있도록 집중해야 한다.

습관은 반복에 의해 형성되는데, 너무 짧은 시간에 많은 것을 습관화시키려면 자신의 행동과 시간을 너무 의식하게 되어 오히려 습관 형성을 방해하게 된다. 짧게는 3주에서 길게는 1년을 두고 한 번에 하나씩만 습관을 형성해 나가도 성적 향상을 기대할 수 있다. 좋은 공부습관을 형성하기 위해서는 습관이 형성되는 초기에 모든 에너지와 열정을 집중시켜 3주에서 3개월 정도를 반복해야 한다. 우리 몸은 약 60조의 세포로 되어 있어서 뇌세포를 제외한 세포들이 100일이면 완전히 새로운 세포로 바뀌고, 사람의 생각이 대뇌피질에서 뇌간까지 내려가면 그때부터는 의식하지 않아도 습관적으로 행하게 된다. 생각이 대뇌피질에서 뇌간까지 내려가는 데 걸리는 시간은 21일 정도이다. 처음에는 의식적인 행위를 통하여 우리가 습관을 만들지만, 그 다음에는 습관이 우리를 만든다(존 드라이든).

아무리 좋은 공부습관을 목표로 하여도 내가 할 수 없는 목표라면 습관은 형성되지 않는다. 의지력이 없어서 10분도 책상에 앉아 있지 못하는 학생이 의지력을 키우겠다고 '하루에 3시간은 무조건 책상에 앉아 있겠다.' 라고 계획하는 것은 무모한 도전이다.

무모한 도전은 성공으로 이끄는 것이 아니라 오히려 자신을 절망으로 이끌며, 앞으로 넘어야 할 도전의 기회를 빼앗아간다. 따라서 영리하게 공부를 하여야 한다. 자신의 의지력이 약하다면 어떤 이벤트를 넣어서라도 계속 앉아 있도록 자신을 독려해야 한다. 나의 한계가 10분이라면 10분만이라도 미치도록 집중하여 공부를 하겠다고 하거나, 10분 공부하고 10분 쉬고 또 10분을 공부하겠다는 실천 가능한 습관을 만드는 것이 좋다. 영어에 약한 학생이 영어 일기를 반드시 쓴 후에 잠이 드는 습관을 만들겠다는 것도 반복 가능하고 실천 가능한 계획이다.

Step 04

'공부중독'에 '중독'되다

학생이라는 그 이름이 아름다운 이유는 공부중독에 빠져도 용서가 된다는 것이다. 공부중독은 학생이 가질 수 있는 가장 강력한 공부방법으로, 공부의 속도에 로켓을 달고 미래의 목표에 다가갈 수 있다. 공부중독은 공부의 경쟁과 비교했을 때 매우 자유로우며, 성적에 매어 있지 않아도 성적이 나올 만큼은 나온다.

공부중독은 계획적이고 자발적인 중독이다. 그리고 행복한 중독이다. 공부중독은 공부를 잘하는 방법으로서 사람에 따라서 완벽하지는 않지만 그래도 가장 나은 최선의 방법이다.

공부를 하지 않는 학생은 유죄이다. 인생을 즐기고 싶다면 공부도 즐겨야 한다. 내가 할 일도 하지 않는다면 바라지도 마라.

공부에 중독되다

살아가면서 뭐 하나에 미치도록 열정을 쏟아 부을 기회가 있다면, 공부를 할 수 있을 때 '공부'에 미쳐보는 것도 좋다. 세상은 내가 미칠 시간도 주지 않기 때문이다. 공부중독이란 '좋은 공부습관'에 '중독'된 상태를 말한다. 즉, 목표가 있는 공부습관, 자신감이 있는 공부습관, 학습전략이 있는 공부습관으로 공부를 하여 성적의 향상을 맛보고 그 맛에 중독된 것이다.

공부중독은 어둠의 긴 터널 끝에서 맞이하는 햇살의 시원함, 통쾌함, 놀라움, 평안, 안도, 어지러움이다. 공부를 하고 있는 모든 학생은 지금 공부라고 하는 터널을 통과하는 중이므로 지루하고 앞길이 깜깜할 것이다. 그러나 기다려라. 분명 터널에는 끝은 있고, 그 끝에는 빛이 있다. 빛으로 안내하는 것이 공부중독이다.

공부는 경쟁이 가장 심한 부분 중의 하나이다. 사회적 성공으로 가는 확률이 가장 높기 때문이다. 그렇기 때문에 많은 사람들이 공부의 경쟁력을 높이는 여러 방법을 찾아 학원에도 가고, 강연회도 가고, 책도 읽는다. 공부의 경쟁력을 높이는 방법에는 여러 가지가 있겠지만, 가장 강력하고 간단한 방법은 '공부중독'에 빠지는 것이다. 공부중독 하나만 갖추면 다른 학습 조건은 모두 무시해도 된다. 이유와 핑계가 사라지고, 조건을 무시하며, 공부 하나에만 집중하게 된다. 공부중독은 0.1%로 가는 길이다.

공부중독이 주는
즐거움을 만끽하라

    공부중독에 빠지기 위해서는 좋은 공부습관을 가져야 하는데 그 형성 과정이 힘이 들고 어려울 때가 있다. 하지만 산 정상을 향해 산을 오를 때 힘만 드는 것은 아니다.

    오르는 과정 중에도 재미가 있고, 산 정상을 정복한다는 기대도 가지면서 오른다. 공부중독 과정은 체계적이고 단계적인 과정을 거쳐서 빠져든다. 어려움만 보는 부정적 시각보다는 과정 중에 재미를 찾는 긍정적 시각이 필요하며, 공부중독이 주는 즐거움을 생각하면서 빠져들어야 한다.

공부중독은 성적을 올려 주는 전환점이다

학생 스스로 계획을 세워서 공부를 하는 모습이 부모들이 자식에게 원하는 모습이라면, 공부중독은 학생들이 원하는 자신의 모습이다. 지겹고 어려운 공부를 벗어나지 못할 거라면 차라리 공부에 푹 빠져버리고 싶을 것이다.

피할 수 없으면 즐겨라

공부를 하지 않으려는 것은 아니다. 하루에도 몇 번은 공부를 해야 한다고 생각을 한다. 하지만 공부를 하려고 책상에만 앉으면 머리가 지끈거리고 온갖 생각이 머리를 점령한다. 공부의 중요성을 잊은 것도 아니다. 공부가 얼마나 중요한지는 알고 있다. 학생은 이 경우 어떤 계기가 마련되어 공부에 집중할 수 있는 전환점이 필요하다는 것을 느낀다.

공부에 있어서 어떤 전환점이 필요할 때 공부중독은 그 필요한 무엇이 될 수 있다. 공부중독은 부모에게는 스스로 학습하는 자식의 모습을, 학생에게는 성적에서 해방되는 기회를 제공한다.

공부중독은 경쟁과 비교에서의 해방이다

모든 학생들이 처음부터 공부를 싫어한 것은 아니다. 공부는 재미있는 놀이와도 같다. 어릴 적에는 누가 하라고 시키지 않아도 길을 가면서도 숫자를 세고, 글자를 익히기 위하여 무진 애를 쓴다. 그러던 아이가 학교에 들어가면서 성적에 의하여 순위가 정해지고, 성적에 의하여 남과 비교되고, 성적에 의하여 부모의 기분이 달라진다는 것을 알게 되면서부터 공부를 무서워하게 된다. 성적이 나의 환경에 많은 영향을 끼친다는 것은, 아이에게 공부가 중요한 것이라는 인식도 심어 주지만, 공부를 해도 불이익만 돌아온다는 부정적인 생각도 심어 주어서 점점 피하고 싶은 것이다.

공부에 중독되면 성적 향상은 당연하게 이루어지며, 가장 큰 변화는 경쟁이나 비교에서 해방되는 것이다. 공부중독자의 경쟁자는 자신이며, 공부는 이기적으로 해야 한다. 공부중독자는 자신의 목표에 몰입하기 때문에 다른 사람과의 경쟁에는 별 관심이 없다. 다른 학생들이 어느 학원에 다니든, 성적이 어느 정도 나오든, 나와는 상관없는 일이다. 나는 담담하게 나만의 학습 계획을 꾸준히 밀고 나가며, 다른 학생과는 경쟁도, 비교도 하지 않는다. 그렇기 때문에 생활은 단순해지고, 똑같은 생활이 반복된다.

그렇다고 생활이 지루한 것은 아니다. 공부라는 과정은 역동적이고 변화무쌍한 정글과 같기 때문에 지루할 틈이 없다. 공부중독은 기본적으로 스스로 학습이며, 혼자 하는 학습이 주를 이룬다. 혼자 공부를 하다 보면 책장을 넘길 때마다 매번 새로운 세계를 마주한다. 새롭다는 것이 어려움이자 피하고 싶은 경우로 다가오는 것은 중독 전의 모습이고, 새로움에 도전의식을 불태우고 의욕으로 다가오는 것이 중독 후의 모습이다. 새로움을 마주하여 조금씩 헤쳐 나갈 때 공부는 창의적이 되고, 집중과 인내를 얻게 되는 것이다. 그렇기 때문에 공부중독 상태에서 책을 읽는다는 것은 새로운 세계를 찾아 미지의 책장을 넘기는 스릴과 생동감이라고 할 수 있다.

공부중독에 빠져드는 3단계를 통하여 얻게 되는 '성적 변화의 체험'은 중독자로 하여금 매우 강렬한 중독에 빠지게 만든다. 이를 통해 세상에서 가장 쉬운 것이 공부라는 것을 인정하게 되고, 지금 내가 가장 잘할 수 있는 것도 공부라는 것을 인정하게 된다.

공부중독은 생활의 단순화, 슬림화이다

공부중독은 자꾸 새로운 것을 추가하여 공부의 양이나 시간을 증가시키는 것이 아니다. 지금껏 해 오던 행동이나 나쁜 공부습관을 좋은 습관으로 바꾸거나 복잡하고 할 일 많은 생활을 슬림하게 만드는 것이다. 생활의 단순화는 많은 공부 시간과 많은 여유 시간을 만들어 준다. 이제까지 부족하기만 하였던 시간들의 숨통이 트이는 것이다. CSQ3Rd 등의 효율적인 공부방법을 통하여 공부 시간을 줄이고 남은 여유 시간에는 자신이 하고 싶은 것을 할 수 있는 시간을 마련해 준다.

그러므로 공부중독자는 공부만 잘하는 것이 아니다. 집중하고 싶은 곳에 집중할 수 있는 시간과 여유는 여러 방면에서 뛰어난 결과를 보여 준다.

공부중독은 불만을 없앤다

다수의 학생들이 성적이 나오면 낮은 성적에 대해 변명을 하는 것을 보게 된다. 집안 분위기 때문에 공부에 집중할 수 없다거나, 돈이 없어 좋은 과외 선생님에게 배울 수 없다거나, 학교에서 가르쳐 준 것과 다른 내용이 시험에 나왔다는 것 등이다. 그러나 공부중독은 이제까지 공부를 할 때마다 불만이었던 공부 환경과 주변 사람들에 대한 원망 등의 핑계를 사라지게 만든다. 공부를 잘하기 위하여 갖추어야 할 이런저런 조건들은 이제 핑계에 불과하다. 주위의 문제가 공부에 영향을 끼치는 것을 봉쇄하는 것이 공부중독이다. 자신만의, 자신에 의한, 자신의 공부이기 때문이다. 이기적으로 공부를 하는 공부중독자에게 주위의 나쁜 환경은 더 강하게 중독에 빠져들게 만든다. 공부중독은 어떠한 악조건도 이겨내는 강한 생명력을 지니고 있다.

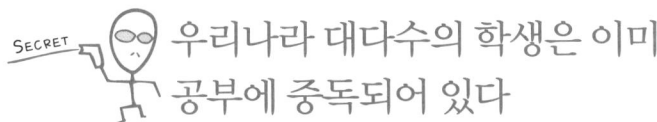

SECRET 우리나라 대다수의 학생은 이미 공부에 중독되어 있다

우리나라 대부분의 학생들은 공부를 하지 않으면 불안을 느낀다. 성적에 대한 걱정, 미래에 대한 걱정 등 매사 걱정 투성이다. 심지어 노는 순간에도 공부에 대한 걱정으로 잘 놀지도 못한다. 이처럼 책과 멀리 떨어져 있을때 불안을 느끼는 것도 중독자의 모습이다. 공부중독이 새로운 것은 아니다. 우리나라 대부분의 학생들은 이미 공부에 중독되어 있다.

Step 06

꿈을 이루는 습관,
공부중독 프로그램

공부에 관한 어떤 비법도 '좋은 공부습관'보다는 못하며, 좋은 공부습관에 '중독'되면 공부에 관한 걱정에서 해방된다. 공부 자체에서 재미를 느끼기 위해서는 '깨달음'의 재미가 있어야 한다. 그것이 없다면 공부는 지루한 과정일 뿐이다. 공부는 어렵고 지루하다. 등산도 어렵고 지루하다. 공부도 등산도 수많은 사람들이 한다. 둘의 차이는 '공부는 의무감에서 하는 것이고, 등산은 자율적인 선택에 의하여 한다.'는 것이다. 공부는 공부를 하는 사람이 선택할 수 없지만, 등산을 하는 사람은 등산을 할 것인지 다른 것을 할 것인지를 선택할 수 있다. 똑같이 어렵고 지루한 과정이지만, 한쪽은 거부 반응을 일으키고, 한쪽은 때가 되면 하고 싶은 것이다.

똑같이 어려운 과정도 자율성의 여부에 따라 하고 싶은 것과 하고 싶지 않은 것으로 나누어진다는 것은 우리에게 많은 것을 시사해 준다. 공부를 할 것인지, 말 것인지에 관한 선택권은 주지 못하더라도, 공부방법이나 습관 형성에 관한 자율성을 준다면 공부도 해 볼 만한 존재가 된다는 것이다. 자율적인 공부방법과 습관은 공부중독자의 공부 형태이다. 따라서, 공부 중독에 빠지면 공부는 하고 싶은 것이 된다.

공부중독에 빠지는 데는 공부중독 프로그램을 이용하는 방법이 있다. 공부중독 프로그램은 학습능력을 높여 성적을 올리려는 목적 아래 인위적으로 중독 상태를 만드는 프로그램이다. 즉, 단계적 과정을 거쳐 공부에 자신감을 얻고, 재미를 느껴서 스스로 책을 펴고 학습하게 만드는 것이다. 공부의 재미는 스스로가 느껴야 하지만 많은 학생들이 재미를 느끼는 방법이나 길을 모르고 무조건 책을 대하기 때문에 지루한 것이다. 게임과 인터넷은 누가 시킨다고해서 하는 것이 아니다. 이를 몰래라도 하려는 이유는 다른 무엇보다 재미있기 때문이다.

공부중독 프로그램

공부도 재미만 있다면 시키지 않아도 하게 된다. 그럼 공부가 재미있다는 것을 알려 주거나 알 수 있는 방법은 무엇인가? 책을 펴고 한 장을 넘길 때마다 지식이 쌓이고 깨달음이 재미있지 않느냐고 말한다고 해서 아이들이 감동을 받지는 않는다. 처음부터 책을 파고드는 것이 아니라 책과 상관없는 곳에서 출발하여 우호적 관심을 갖도록 마음을 다지면서 접근을 해야만 공부에 대한 거부감이 생기지 않는다. 공부를 하고 싶고, 해야 한다는 강한 의지가 생긴 후에 책을 앞에 놓으면 책 읽는 즐거움과 공부를 하는 즐거움을 알 수 있다. 그러한 과정을 프로그램화한 것이 공부중독 프로그램이며, 공부중독은 성적 향상을 위한 중독성 높은 공부방법이다.

공부중독을 위한 체계적 3단계

공부중독은 목표가 있는 공부습관과 자신감이 있는 공부습관, 그리고 전략이 있는 공부습관에 '중독'된 상태를 말한다. 공부중독을 위한 프로그램 진행 시 공부중독을 위한 체계적 3단계인 목표가 있는 공부습관, 자신감이 있는 공부습관, 전략이 있는 공부습관을 순서대로 진행하는 것이 가장 좋다. 처음에 목표를 만들고 자신감을 얻은 후에 학습전략을 세우는 것이 체계적인 공부중독 단계이다. 이는 건물을 올릴 때 1층부터 2층, 3층 순서대로 올려야 하는 것과 마찬가지이다. 하지만 이미 1층이 지어져 있거나 2층이 지어져 있다면 1층부터 다시 지을 필요 없이 다 지은 후에 살펴보아도 된다. 학생들은 당장의 성적 향상을 원하는데, 이미 갖추어진 부분을 다시 하라면 답답함을 느낄 수가 있기 때문에, 3가지 공부습관 중에서 이미 갖추어진 부분은 생략해도 된다.

목표가 분명한 학생은 자신감을 만드는 공부습관 형성 단계부터 진행하여도 되고, 목표도 있고 자신감도 넘치지만 학습전략이 부족한 학생은 학습전략을 세우는 단계부터 시작해도 좋다.

또한 어느 것이 항상 우선해야 하는 것은 아니다. 정상적인 순서는 목표—

자신감 – 전략의 순서이지만, 학습전략을 우선 갖춘 후에 자신감을 형성하고, 목표를 세워 공부를 하여도 되고, 자신감을 먼저 갖춘 후에 목표와 전략을 갖추고 공부를 하여도 된다. 순서를 꼭 지킨다는 것 자체가 부담으로 오는 학생의 경우에는 자신이 형성하기 쉬운 것부터 갖춘 후에 공부를 해도 되는 것이다. 그 이유는 어느 하나를 갖추게 되면 그것으로 인해 공부에 변화가 찾아 올 것이고, 그 변화는 나머지를 이끄는 힘으로 작용을 하기 때문이다. 목표도 없고 전략이 없어도 자신감 하나만으로도 공부와 성적에 변화를 가져올 수 있으며, 목표와 자신감이 없어도 전략을 잘 세우면 성적은 오르게 되어 있다. 성적에 변화가 오면 학생들은 더 높은 가치를 추구하며, 그 가치를 얻기 위하여 노력할 것이다.

공부중독과 성적

공부중독 프로그램의 기본 과정인 공부중독 3단계 12주 프로그램을 다 진행하였는데도 세 가지 공부습관이 갖추어지지 않은 학생은 다시 처음부터 프로그램을 진행해야 한다. 세 가지가 모두 갖추어졌을 때 최대한의 효율을 갖게 되지만, 12주가 지난 후에도 세 가지 습관이 갖추어지지 않는 학생들도 많다. 그래도 한두 가지의 공부습관을 가지게 되었다면 그 정도만으로도 분명 성적에 변화가 생겼을 것이다. 더 나은 성적을 원한다면 프로그램을 처음부터 다시 한 번 진행해 보라.

자신이 공부중독에 빠지지 않는다고 해서 실망할 필요는 없다. 프로그램을 한 번 경험한 후에 목표와 자신감, 그리고 전략이 있는 공부습관 세

가지를 모두 갖추고 공부를 하는 학생은 드물기 때문이다. 중독 프로그램은 계속 반복할수록 공부에 빠져들고, 성적은 올라간다.

꿈을 이루는 습관, 공부중독 프로그램

공부중독 프로그램은 공부중독 3단계인 목표가 있는 공부습관 – 자신감이 있는 공부습관 – 학습전략이 있는 공부습관을 만드는 프로그램이다. 프로그램의 진행은 학생 혼자서 프로그램 과정을 따라하는 것이 원칙이지만 초등학생 또는 학생이 원하는 경우에는 부모와 같이 진행하는 것도 좋다. 프로그램은 기본과정과 속성과정의 두 과정으로 나누어진다. 기본과정은 공부중독 3단계를 12주에 걸쳐서 만드는 과정이며, 속성과정은 공부중독 3단계를 3주에 걸쳐서 만드는 과정이다.

모든 학생들에게 권장하는 방법은 기본과정이지만, 시간적 여유가 없거나 빠른 성과를 원하는 학생의 경우에는 속성과정을 실시해도 된다. 이미 한두 가지의 공부습관을 갖추었다고 생각하는 학생이라면 기본과정 중에서 필요한 부분만 진행해도 된다. 하지만 그래도 권장하는 것은 12주 기본과정이다. 그 이유는 하나의 습관을 완전하게 몸에 인식시키기 위해서는 3개월 정도의 시간이 필요하기 때문이다.

공부에 빠져들다.
공부에 빠져들다.
공부에 빠져들다 공부중독 공부에 빠져들다.
공부에 빠져들다.

PART. 6

공부중독,
기본과정 12주 프로그램

12주 프로그램을 시작하기 전에

공부중독 프로그램은 12주 후에 수동적 존재를 능동적 존재로 바꾸어 공부중독에 빠지게 만드는 프로그램이다. 즉, '누구에게서 공부를 배운다. 익힌다.'에서 '내가 공부를 한다. 완성한다.'로 공부에 대한 인식과 자세를 바꾸어 공부를 자동으로 할 수 있는 동력을 만들어 주는 것이다. 똑같은 일도 시켜서 하는 것과 하고 싶어서 하는 일에는 능률과 행복도 면에서 차이가 난다. 결과에 있어서도 자신이 원해서 한 일이라면 억지로 한 일보다 훨씬 나은 성과를 가져온다. '능동적'이라는 말은 주인된 입장에서 일을 주관하고 행하는 것을 말한다. 공부도 능동적으로 한다면 성적은 당연히 향상될 것이고, 심지어 공부가 재미있다고 느낄 것이다.

공부도 지겨운데 공부중독 프로그램도 결국 공부라 생각하여 못하겠다고 말하지는 마라. 공부가 지겨운 것이 아니라 자신이 게으른 것이다. 가만히 앉아서 변화를 기대하는가? 변화를 원한다면 움직여야 한다. 행동하면 강해진다. 머릿속으로 변화를 백 번 생각하는 것보다 한 번이라도 실천하는 것이 공부에는 훨씬 좋다.

기본과정 12주 프로그램은 목표가 있는 공부습관 만들기(1주~4주), 자신감이 있는 공부습관 만들기(5주~8주), 학습전략이 있는 공부습관 만들기(9주~12주) 순서로 진행된다. 앞으로 3개월 간은 자신의 인생에서 가장 진지하고도 중요한 기간이 될 것이다.

프로그램을 진행하면서 각 쪽에 나오는 표 안에다 글씨를 직접 쓰기에는 칸의 크기가 부족할 것이다. 학습발전소 홈페이지(www.sosman.net)에서 A4 용지 크기에 맞는 표로 제작된 파일을 다운로드하여 한글 프로그램을 이용하여 입력한 후 인쇄하거나, 양식을 프린트한 후 직접 글씨를 써도 된다.

> 한글 파일과 워드 파일은 내하출판사 홈페이지에서도 다운로드할 수 있습니다.
> http://www.naeha.co.kr

목표가 있는 공부습관 만들기

나는 누구인가?

공부중독의 첫 단계는 목표가 있는 공부습관을 만드는 것이다. 여기서 목표란 삶의 목표이자 직업적 목표, 그리고 공부에 있어서의 목표를 말한다. 목표는 공부를 이끌어가는 힘이다. 목표는 과정 중에 부딪히게 되는 어렵고 힘든 일들을 극복하게 해 주는 에너지로서, 목표가 분명하면 자신감이나 학습전략이 부족하더라도 성적은 향상된다.

나는 누구인가?

먼저 나에 대한 정확한 진단 없이는 변화도, 진전도 기대하기 힘들다. 나에 대해 안다는 것이 어쩌면 진부하고 따분하게 느껴질 수도 있지만, 진지하게 자신을 살펴볼 기회는 그리 많지 않다. 나에 대하여 알고 있는 사람만이 다른 사람을 사랑할 수 있고, 자신의 가치를 존중할 수 있다. 자신을 존중하는 사람은 자신이 하는 일에 확신을 가지고 있으며, 자신감을 갖고 일에 집중한다.

내가 알고 있는 나에 대해 적어 보라. 머릿속으로 생각하는 것과 글씨로 표현하는 것에는 엄청난 차이가 있다는 것을 느끼게 될 것이다. 자신에 대해 실망할 만한 사실들도 있지만, 하찮게 여겼던 사소한 것들에게서 희망을 발견할 수도 있을 것이다. 생각을 머릿속에 가두지 말고 글로 표현하여 나를 객관화시켜 보라.

자신을 아는 것은 남에게 보이기 위한 것이 아니다. 공부나 일에 쫓기다 보면 어떻게 살아가는지도 모르게 시간이 흐른다. 어쩌면 삶에 있어서 이렇게 진지하게 자신에 대해 알아보는 것은 처음이자 마지막 기회일 수도 있다.

첫째 주 프로그램 진행 방법

이제까지 별 탈 없이 공부를 해 왔기 때문에 아무리 좋은 습관이라도 새롭게 익힌다는 것은 어려운 일이다. 처음에는 무척 어색할 수도 있다. 하지만 공부중독은 성적 향상을 위해 반드시 거쳐야 하는 과정이며, 조금만 기다리면 여유 있는 공부를 할 수 있다는 확신을 갖기 바란다.

다운로드하여 프린터기로 인쇄한 A4 용지의 빈 칸을 처음부터 채워 나간다. 처음부터 쓸 말이 없다면 다음 칸으로 넘어간다. 한 번에 전부를 쓰겠다고 생각하지 말고, 생각나지 않는 부분에만 입력한다. '나는 누구인가?'에서는 나에 대한 솔직한 마음을 털어놓고 자신이 쓴 내용을 천천히 읽어본다. 남에게 보일 것이 아니라 자신만이 볼 것이므로 용기를 갖고 솔직하게 적어 나가기 바란다.

이 부분이 공부중독과 무슨 상관이 있느냐면서 생략하기를 바라는 사람도 있지만, 자신을 알지 못하고서는 중독에 빠질 수 없다. '나에 대한 나의 평가'는 자신이 자신을 어떻게 보는지를 확인하는 것이다.

스스로가 인내심이 없다 할지라도 찾아보면 인내심이 발휘되었던 기억이 있을 것이고, 의지가 없다 할지라도 의지력을 보여 주었던 때가 있을 것이다. 지금의 상태가 비록 절망의 상태일지라도 누구나 한때의 성공 경험은 가지고 있다.

'나에 대한 다른 사람들의 평가'는 나에 대한 사람들의 평가를 기술하는 것이다. 나에 대해서는 나만이 가장 확실하게 알 수 있지만, 경우에 따라서는 다른 사람들이 나를 오해하고 있을 수도 있다.

사실은 그렇지 않지만 외부적인 나의 모습을 보고 나를 평가할 것이기 때문이다. 외부의 평가를 통해 이제까지 내가 무엇에 소홀하였고, 무엇을 고쳐야 하며, 대인관계에서 무엇이 필요한지를 알 수 있다. 나를 평가하는 사람들이 누구인지는 중요하지 않다. 나에 대해 말한 사람은 모두 포함한다. 한 가지 모습에 대해 여러 평가가 있었다면 여러 평가를 모두 쓴다.

첫째 주 프로그램 내용을 전부 입력한 후에는 다음 프로그램을 시작하는 날까지 계속 읽어서 자신이 누구인지를 알기 바란다.

첫째 주 프로그램

코스 A. 나는 누구인가?

나의 이름	한글과 한문으로 쓰고, 이름은 누가, 언제 만들어 주었으며, 이름에 담긴 뜻은 무엇인지 알아본다.
나의 나이	오늘까지 살아온 날짜를 계산해 본다.
아버지, 어머니, 형제자매의 이름과 나이	나와 가장 가까이서 같이 살아온 사람들에 대하여 알아본다. 이름을 한문으로 쓸 수 있다면 한문으로 써 본다. 그리고 어떠한 직업과 성격을 가졌는지와 자신과의 관계를 적어 본다.
학교생활	지금 나는 어느 학교에 다니고 있으며, 학교생활은 어떠한지 적어 본다. 학교와 선생님, 그리고 친구들의 좋은 점과 나쁜 점에 대하여 적어 본다.
살면서 가장 즐거웠던 때는?	즐거웠던 때 중에서 세 가지만 골라 즐거웠던 이유를 적어 본다.
하루의 생활 중 가장 좋아하는 시간은?	가장 편안하거나 행복한 시간은 언제이고, 왜 그러한지를 적어 본다. 그리고 이를 공부와 관련시킬 수는 없는지 생각해 본다. 예를 들어 게임 시간이 가장 좋다면 공부를 게임처럼 생각하거나 응용할 수 있는 방법이 없는지 생각해 본다.
이성 친구에 대한 생각	이성 친구에 대하여 어떻게 생각하는지 적어 본다. 이성 친구를 사귀고 싶다고 생각하지만 여러 가지 이유로 사귀지 못하는 경우도 많다. 이럴 경우에 나는 어떻게 이성에 대한 관심을 다른 쪽으로 돌리는지 말해 보라.
나는 호기심이 강하다	청소년 시절의 특징이라 할 수 있는 호기심은 긍정적인 면도 있고 부정적인 면도 있어서, 지적 능력을 넓히기도 하지만 나쁜 행동에 빠지게도 한다. 하지만 호기심에 의해 자신이 나쁜 행동과 생각에 빠져 있다고 할지라도 장점으로 변화시킬 수 있는 기회가 많이 있음을 알아야 한다. 나는 어느 부분에 호기심이 많은지를 적어 본다.

나는 감정이 풍부하다	감정이 풍부하다면 예술적인 소질을 계발하여 남들에게 좋은 감성을 선사할 수 있다. 낙엽 떨어지는 소리에도 눈물을 흘리는 사람은 많은 사람을 위로해 줄 수 있는 사람이다. 사춘기에 들어서면 감정이 풍부해지고, 상처도 많이 받게 된다. 자신이 가장 민감하게 반응할 때가 어느 때인지를 적어 본다. 그리고 감정이 복받쳐 올라올 때 그 감정을 어떻게 소화시키는지를 적어 본다.
내가 원하는 나의 성격	자신의 성격에 만족하는 사람은 드물다. 현재 자신의 성격을 적어 보고, 원하는 성격이 무엇인지를 적어 본다.
멋있는 나 만들기	자신의 행동이나 모습 중에서 멋있다고 생각하는 것과 자신이 가장 멋있다고 생각하는 사람은 누구이며, 자신이 멋있는 사람이 되기 위해 갖추어야 할 것은 무엇인시 적어 본다.
내가 원하는 친구 관계	내가 진정으로 원하는 친구는 어떠한 친구인지 적어 본다. 그리고 현재 친구들의 이름을 적어놓고 한 명 한 명에게 쪽지를 적어 본다.
내가 원하는 가족 관계는?	부모와 형제자매는 평생을 같이 할 사람들이다. 우리는 어쩌면 이 가족을 위하여 사는 것인지도 모른다. 내가 원하는 가족의 모습을 생각해 보고, 원하는 것이 있으면 각자에게 쪽지를 적어 본다.
내가 원하는 취미는?	취미활동은 공부를 더 잘할 수 있도록 만드는 휴식이다. 공부에 있어서 휴식이 없다는 것은 과열된 엔진과도 같다. 자신이 원하는 취미는 무엇이고, 그 취미를 갖고자 하는 이유를 적어 본다. 그리고 지금은 할 수 없는 이유와 언제부터 할 수 있는지를 적어 본다.
미래의 내 모습은?	대부분의 사람들은 미래의 내 모습은 지금과는 다른 모습이기를 바란다. 나는 어떤 모습이기를 원하고, 그런 나를 만드는 방법은 무엇인지 적어 본다.

코스 B. 나에 대한 다른 사람들의 평가

속이 좁다는 이야기를 많이 듣는다	속이 좁은 아이는 깊게 생각하는 능력이 있다. 속이 좁은 것은 단점이지만 깊게 생각하는 것은 장점이다. 내가 속이 좁다는 이야기를 들은 때는 어느 경우이고, 앞으로는 그런 경우에 어떻게 행동할 것인지를 적어 본다.
자신감이 없다는 이야기를 자주 듣는다	자신이 자신감이 없다는 이야기를 듣는 이유를 적어 보고, 이를 극복할 수 있는 방법에 대해서도 적어 본다.
약속을 잘 지키지 않는다는 소리를 듣는다	자신이 약속을 잘 지키지 않는다는 소리를 듣는다면 왜 자신은 약속을 잘 지키지 않는지에 대하여 적어 본다.
집중력이 없다는 소리를 듣는다	공부를 하는 학생들은 대부분 집중력에 문제가 있다는 말을 한다. 집중력이 없다는 소리를 학교에서나 집에서 자주 듣는다면 자신의 집중력을 방해하는 요소들을 적어 보고, 해결할 수 있는 방법들을 적어 본다.
듣기 좋은 소리	다른 사람에게 듣는 소리 중에서 가장 듣기 좋은 소리는 무엇인지 적어 본다. 그리고 그 소리를 들으면 왜 즐거운지를 적어 보고, 나도 그런 소리를 다른 사람에게 얼마나 자주하는지를 적어 본다.
그리고…	남이 나에게 말한 것 중에서 가장 나를 마음 아프고, 슬프게 했던 것은 어떤 말이었고, 나도 그런 소리를 다른 사람에게 한 적이 있는지를 적어 본다.

목표가 있는 공부습관 만들기

나는 어떠한 능력을
가지고 있는가?

오랫동안 할 것인지, 말 것인지를 놓고, 고민해 왔는데 막상 결심을 하고 칸을 채워 나가다 보니 그리 어려운 일은 아니었을 것이다. 자신에 대해 진지하고 깊게 생각해 본 적이 없었던 사람에게는 의미 있는 경험일 수도 있다. 그동안 고민만 하고 해 보려고도 하지 않은 날들이 후회스럽기도 할 것이다. 이렇듯 아무리 어려운 일도 막상 해 보면 할 만한 것들이 의외로 많다. 그저 그러한 일을 할 수 있을까 하는 걱정이 행동에 옮기는 것을 막고 있었을 뿐이다. 공부를 못하게 만드는 것은 환경이나 노력이 아니라 절망이다.

나는 어떠한 능력을 가지고 있는가?

이 세상을 살아가는 사람 누구든 세상을 살아가는 데 필요한 능력 하나씩은 가지고 있다. 따라서 어떠한 일을 시작하든지 나의 능력을 객관적으로 아는 것이 중요하다. 자신의 능력을 객관적으로 파악하고 있는 사람은 자신의 행동을 절제할 줄 알고, 목표에 접근하는 방식이 현실적이다. 그렇기 때문에 목표가 세워지면 반드시 목표를 이룬다. 자신은 아무런 능력이 없다고 말하지 마라. 우리 주위에는 나보다 모든 면에서 부족한 사람들도 자신의 능력을 한껏 발휘하며 살아가는 사람들이 많다.

내가 어떠한 능력을 가지고 있는지를 알아보면 그동안 알지 못했던 재능과 장점들이 생각보다 많다는 것을 알 수 있을 것이다. 또한 막연하게 자신의 능력이라 생각했던 부분들이 단순한 재미나 호기심이었다는 것을 알게 될 수도 있다.

둘째 주 프로그램 진행 방법

프로그램을 진행하기 전에 지난주 프로그램 내용을 다시 천천히 읽어본다. 이번 주 프로그램은 '나는 어떠한 능력을 가지고 있는가?'를 찾아보는 것이다.

내가 가지고 있는 능력이 무엇인지를 알아내기 위해서는 자신을 객관화시켜야 한다. 자신을 객관화시킨다는 것은, 내가 나를 보는 것이 아니라 제3자적 시각에서 나를 보는 것이다. 제3자적 시각에서 나를 보는 데는 내가 나에게 질문을 던지면서 대화를 나누는 방법이 사용된다. 자신이 자신과 대화를 나누는 것이 우스울지는 모르지만, 이것은 진지함을 유도하는 방법이며, 자신을 객관적 개체로 분리시키는 하나의 방법이다.

사람들이 비슷비슷한 것 같아도 각자가 가지고 있는 특성이 있고, 그 특성은 자신만의 능력이 될 때가 많다. 능력은 장점에 의해 키워진다. 능력은 무엇을 할 수 있는 힘이고, 힘을 키우는 에너지는 장점의 발견과 확대이다. 장점을 살리고 키우면, 단점은 점점 줄어들거나 사라지며, 나의 능력은 확대된다. 단점을 의식하여 고치려 하지 마라. 의식할수록 더 커질 수 있다.

  자신을 자신이 바라보았을 때 수학을 잘하는 능력이 있는 것 같기도 하고, 없는 것 같기도 하고, 남을 이해하는 능력이 뛰어난 것 같기도 하고, 아닌 것 같기도 하여, 내가 가지고 있는 능력의 어떤 것이 진실인지 헷갈릴 때가 많다. 나에게 어떤 능력이 있는지를 잘 모르겠다고 생각하면 주위 사람들의 도움을 받는 것이 좋다. 부모님이나 형제자매, 그리고 친구들은 나에 대해 객관적인 시각을 가지고 있기 때문에 나의 능력을 더 잘 알 수도 있다. 질문을 던질 때는 '나에게는 어떤 능력이 있는 것 같은지', '다른 사람에게는 없는 나만의 능력은 무엇이라고 생각하는지', '내가 가지고 있는 능력 중에 이 세상을 살아가는 데 도움이 되는 것이 무엇이라고 생각하는지'를 진지하게 물어본다. 막연한 희망이나 아주 작은 성과를 가지고 자신이 어떤 능력이 있다고 믿어서는 안된다. 나 이외의 사람들도 나에게는 어떤 능력이 있는 것 같다고 말할 정도는 되어야 한다. 한 사람에게는 수백 가지의 성질이 종합되어 있듯이 한 사람이 가지고 있는 능력도 이와 마찬가지이다. 그렇다고 해서 자신이 수백 가지의 능력을 가지고 있다고 말할 수는 없다. 남들에게 없거나 남들과 구별되는 정도는 되어야 그런 능력이 있다고 말할 수 있다. 그렇다고 상을 받았거나 뛰어난 업적을 남긴 것만을 말하는 것은 아니다. 자신이 생각하기에 '나는 이런 능력에서 남보다는 나은 것 같다.'라고만 생각하여도 된다.

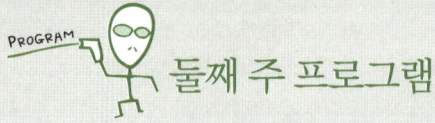
코스 A. 나는 어떠한 능력을 가지고 있는가?

내가 생각하는 나의 장점과 단점은?	장점은 '남보다 나은 능력'을 말한다. 엄격한 객관적 기준은 없지만 스스로 자신의 장점이라고 생각하는 것을 적어 본다. 내가 부지런하여 남보다 많은 공부 시간을 가질 수 있다면 그것도 장점이다.
부모님이 나에게 말해 주는 나의 장점과 단점은?	나에 대하여 객관적으로 가장 잘 알 수 있는 사람은 부모님이다. 부모님이 말하는 자신의 장점과 단점을 적어 본다. 들은 적이 없다면 지금 당장 물어 보라.
친구가 말해 주는 나의 장점과 단점은?	친구는 나를 잘 아는 사람 중의 하나이다. 친구들이 말해 주는 나의 장점과 단점을 적어 본다.
상대방의 이야기를 잘 들어 준다	상대방의 이야기를 잘 들어 주는 사람은 상대방에게 안정감과 신뢰를 얻을 수 있는 능력이 있다. 자신은 남이 이야기를 할 때 잘 들어 주는 편이라면 좋은 태도를 가진 자신에게 칭찬을 하고, 잘 들어 주는 편이 아니라면 그 이유가 무엇인지 적어 본다.
사람을 잘 사귄다	사람과 잘 사귀는 능력은 사회생활에 있어서 중요한 능력이다. 자신은 처음 본 사람과 잘 사귀는지, 아니면 오랜 기간에 걸쳐서 검토한 후에 사귀는지를 적어 본다.
사람의 마음을 잘 이해한다	사람의 마음을 잘 이해하는 사람은 깊은 통찰력이 있는 사람이다. 공부를 할 때도 이런 사람은 지은이와 문제 출제자의 의도를 잘 이해하여 원하는 답을 찾을 수 있다. 다른 사람을 잘 이해하지 못하고 자주 부딪히는 경우라면, 그 이유를 적어 보고, 어떻게 하면 다른 사람의 마음을 잘 이해할 수 있는지를 적어 본다.
생각이 깊다	생각이 깊은 사람은 헛된 행동하지 않으며 실수를 하지 않는다. 너무 깊은 생각은 상대방을 답답하게 할 수도 있지만 섣불리 행동하는 것보다는 믿음을 준다. 자신이 생각 없이 행동하였다가 불이익을 당한 경험이 있다면 언제, 무슨 일 때문인지 적어 본다.

집중력이 높다	집중력은 성적과 비례할 정도로 공부에서 중요한 능력이다. 나에게 있어서 집중력을 방해하는 요소가 무엇이 있는지를 적어 보고, 그 방해 요소들을 제거할 수 있는 방법을 적어 본다.
인내력이 강하다	의지가 강한 사람은 어려움 앞에서 쉽게 무너지지 않는다. 자신이 인내력을 발휘하여 이루었던 성과가 있다면, 그 성과를 적어 본다.
실천력이 높다	실천력이 높은 사람은 다른 사람으로부터 존경을 받고, 리더로서의 역할을 수행한다. 자신이 결심하거나 약속한 후에 실천한 것 중 가장 자랑할 만한 것이 있다면 무엇인지 적어 본다.
경쟁하는 것을 좋아한다	지나친 경쟁심은 심리적으로 피폐하게 만들지만 적당한 경쟁심은 일의 효율을 높인다. 공부에 있어서 경쟁이 주는 좋은 점과 나쁜 점을 적어 보고, 자신이 경쟁자라고 생각하는 사람이 있다면 누구이고, 그 사람을 이기기 위하여 어떠한 노력을 하고 있는지 적어 본다.
그리고…	내가 생각하여도 이것만큼은 남보다 낫다거나 특별한 능력을 가지고 있다고 생각하는 것들을 적어 보고, 이러한 능력들이 공부에 어떠한 도움을 줄 수 있는지를 적어 본다.

코스 B. 나의 공부 능력 찾기

목표가 분명하다	목표가 분명한 사람은 나아갈 방향을 알고, 자신이 무엇을 해야 하는지를 안다. 목표가 분명하지 않다면 왜 목표가 흔들리는지에 대하여 적어 보고, 어떻게 하면 목표를 굳건히 할 수 있는지를 적어 본다.
목표를 달성할 자신감이 있다	자신감을 가지고 있는 학생은 언제든지 성적을 올릴 수 있는 가능성이 있다. 자신이 목표로 하는 직업이나 공부에 자신감이 없다면 그 이유를 적어 보고, 어떻게 하면 자신감을 높일 수 있는지를 적어 본다.
학습전략과 학습방법이 있다	나만의 학습전략과 학습방법이 있다는 것은 훌륭한 무기를 가지고 전쟁터에 나가는 것과 같다. 자신만의 학습전략과 학습방법이 있다면 적어 보고, 부족한 점이 있다면 보충할 방법을 적어 본다.
집중력, 인내력, 실천력	집중력, 인내력, 실천력은 공부를 하는 데 있어서 중요한 요소이다. 공부에 있어서 자신의 집중력, 인내력, 실천력이 어느 정도인지를 생각하여 상, 중, 하로 표시하고, 부족한 부분이 무엇이고, 어떻게 보충할 것인지를 적어 본다.
좋아하는 과목	좋아하는 과목이 어느 과목인지를 적어 보고, 좋아하는 이유도 적어 본다. 자신이 좋아하고 공부를 많이 한다고 해서 성적이 좋은 것은 아니다. 좋아하는 과목이지만 성적이 잘 나오지 않는다면 그 이유가 무엇인지 적어 본다.
잘하는 과목	좋아하는 과목인지의 여부에 상관없이 성적이 잘 나오는 과목을 적어 보고, 왜 성적이 잘 나오는지를 적어 본다.
잘하고 싶은 과목	지금은 못하고 있지만 잘하고 싶은 과목이 있는지, 왜 그 과목을 잘하고 싶은지, 잘할 수 있는 방법은 무엇인지를 적어 본다.
잘할 수밖에 없는 능력	공부를 잘하고 못하고를 떠나 학생은 공부를 하여야 하고, 잘해야 한다. 그리고 지금의 환경이나 신체적 능력은 공부를 잘하도록 갖추어져 있다. 내가 공부를 잘할 수밖에 없는 이유를 모두 찾아서 적어 본다.

목표가 있는 공부습관 만들기

능력을
목표화하는 과정

자신이 어떤 능력을 가지고 있다면 그 능력을 바탕으로 하여 원하는 미래상을 만들어야 한다. 미래의 나의 모습은 가지고 있는 능력을 최대한 발휘될 수 있는 것이어야 하고, 원하는 삶이어야 하며, 원하는 일에 종사하는 모습이어야 한다. 또한 나의 능력은 내가 원하는 삶에 투자하여야 하며, 내가 원하는 직업과 학과에 들어갈 수 있는 힘으로 작용하여야 행복을 기대할 수 있다.

능력을 목표화하는 과정

이번 주 프로그램은 자신이 가지고 있는 능력을 삶의 목표와 연결시켜 달성하는 방법을 찾는 것이다.

목표란 삶의 목표에서부터 직업, 학교, 학과에 이르는 삶의 전 과정을 정리하여 삶의 방향을 정하는 것을 말한다. 내 안의 능력과 목표가 일치해야만 목표에 충실할 수 있고, 능률도 오를 수 있다. 목표는 있으나 능력이 없다면 목표는 꿈일 뿐이고, 능력은 있으나 목표가 없다면 능력은 쓸모 없는 가능성일 뿐이다. 목표를 만들기 위해서는 자신이 원하는 미래가 무엇인지를 알아야 한다. 어른이 되어 나는 무엇을 하고 싶다거나 어떠한 사람이 되고 싶다는 바람은 목표 설정의 출발점이다. 내가 무엇을 원하는지 알지 못하는 경우에는 자신을 잘 아는 사람과의 대화를 통해 목표를 만들거나, 적성검사, 지능검사 등을 통하여 목표를 찾아야 한다. 적성검사 등은 의욕도 목표도 없는 아이들에게 미래에 대한 호기심을 불러일으키는 좋은 검사도구이며, 숨어 있는 재능을 알려 줌으로써 현재의 삶에 적당한 자극을 주는 역할을 한다. 분명한 목표가 세워지면 책임 의식이 생기게 된다. 책임 의식이 생기면 목표를 향해 행동하게 된다.

셋째 주 프로그램 진행 방법

목표는 현실적이어야 하고, 실현 가능한 것이어야 한다. 서울대 경력개발센터의 조사 결과, 서울대 공대 졸업생 중 고시를 준비하는 학생이 2006년 30.6%였으나 2007년에는 53.6%로 껑충 뛰었다. 또한 서울대 자퇴생 중 공대, 자연대생의 비율은 지난 2000년 30%, 2002년 36%로 늘었다. 2003년 이후에는 전체 50%를 넘기도 했다. 자퇴생의 대부분은 의학전문대학원이나 인문계열로 방향을 바꾸었다(전자신문, 2008. 5. 8.). 직업적 목표를 세울 때는 대부분 적성이나 이상을 기준으로 삼지만 현실을 외면해서도 안된다. 처음 어떤 목표에 따라 학과에 들어갈 때는 이상적 꿈을 가지고 입학을 하였지만 졸업 시에 진로가 막혀 있다면 시간을 낭비한 것이 된다. 자신이 원하는 미래는 현재 자신이 가지고 있는 능력을 바탕으로 해야 한다. 그리고 목표는 근거가 있어야 한다. 내가 어떤 목표를 세웠다면 왜 그 목표를 세웠는지, 그 목표를 달성할 수 있는 근거는 무엇인지 알아야 한다. 근거는 객관적이어야 하며, 정상적인 방법으로 확보된 것이어야 한다. 나 아닌 다른 사람도 목표 달성의 가능성을 수긍할 정도는 되어야 하며, 예외적인 방법을 통하여 목표에 접근하는 것은 실패의 위험이 크다.

지난주에 살펴보았던 자신의 능력 중에서 자신이 원하는 미래의 삶과 연결되는 부분을 목표로 세우는 것이 좋다. 나는 수학을 잘하는 능력이 있고, 많은 사람들을 위하여 봉사하거나 아픈 사람들을 치료하는 것에 삶의 가치를 두고 있다면, 의사가 되는 것이 목표가 되는 것이다. 그리고 의사가 되기 위해서는 의대나 의학전문대학원에 입학하여야 하는데, 내가 목표로 하는 대학은 어디인지를 정한다. 그리고 그 대학에 입학하기 위하여 지금 해야 할 일은 무엇인지를 현재의 자신의 실력을 바탕으로 준비하여야 한다. 그러기 위해서는 직업에 대한 탐색이 충분히 이루어져야 한다.

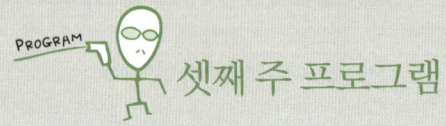
나의 능력	내가 가지고 있는 능력들을 정리하여 보고, 이 중에서 가장 뛰어난 것이 무엇인지를 적어 본다. 그리고 그 능력을 발휘할 수 있는 분야를 모두 적어 본다.
나의 직업	자신의 능력을 바탕으로 내가 사회에 나가서 할 일은 무엇이고, 어떠한 직업을 가질 것인지를 적어 본다. 그리고 그 직업인이 되면 자신과 사회를 위하여 어떠한 일을 할 것인지를 적어 본다.
사회적 봉사	내가 하고 싶은 일이 다른 사람들과 이 사회에 얼마나 도움이 되는지를 적어 본다. 그리고 내가 이 일을 하지 않는다면 이 세상에 어떤 일이 일어날 것인지를 적어 본다.
목표 점검	목표는 현실적이고, 실현 가능한 것이어야 한다. 내가 가진 능력은 원하는 직업을 갖기에 부족하지만 앞으로 어떠한 노력을 기울일 것인지 자신의 계획을 적어 본다.
준비	하고 싶은 일이나 직업에 대해 준비된 상태를 확인해 보고, 앞으로 해야 할 것은 무엇이고, 현재 준비된 것과 준비를 하고 있는 것이 무엇인지를 적어 본다.
목표 대학 정하기	내가 원하는 직업을 갖기 위해서는 어느 대학, 어느 학과에 들어가야 하는지를 적어 본다. 인터넷이나 입학 자료를 통해 현재와 앞으로의 내 능력 범위 내에서 목표 대학을 정한다. 가고자 하는 대학의 입학 성적 및 방법, 특징에 대해 알아보고 현재의 내 성적과 비교하여 어느 정도 차이가 나는지를 적어 본다.
목표와 점수	목표로 하는 대학 및 학과에 입학하는 데 있어서 성적이 부족한 경우에는 이를 만회할 방법을 모색하는 것이 중요하다. 부족한 과목이든, 부족한 점수이든 어떻게 만회할 것인지를 적어 본다.
지금	목표로 하는 대학에 입학하기 위하여 지금 당장 해야 할 일은 무엇이라고 생각하는지 적어 본다.
공부 이외의 방법	공부를 하지 않고 내 목표를 달성할 수 있는 방법이 있다면 그 방법을 적어 보고, 그 근거를 적어 본다.
내가 공부를 하는 이유는?	공부를 하는 이유는 학생마다 다르다. 자신은 어떤 이유와 목적으로 공부를 하는지를 적어 본다.

목표가 있는 공부습관 만들기

목표 실천 계획표

지난주에는 목표를 만들어 보았다. 목표를 설정하는 과정은 중요한 과정이므로 다시 한 번 읽고 자신의 목표를 다짐하기 바란다. 살아가면서 목표를 수정해야 할 필요가 생기겠지만 되도록이면 목표를 유지하는 것이 좋다. 목표를 자주 바꾸면 이루어놓은 성과와 성공 경험이 없어지게 된다. 이제는 목표를 내 책상 앞에 붙여 놓고, 목표에 집중해야 하는 시기가 왔다.

목표 실천 계획표

자신이 가지고 있는 능력을 삶의 목표와 연결시켜서 달성하는 방법을 알아내었다면, 이번 주에는 달성하는 방법을 구체화하여 계획표를 만들어야 한다. 작은 목표로부터 큰 목표에 이르기까지 구체적으로 계획을 세워

지금 해야 할 일이 무엇인지를 알아야 한다. 어떻게 살 것인지와 직업에 대한 계획이 큰 목표라면, 어떤 대학과 학과에 입학할 것인지가 중간 목표가 될 것이고, 다음 시험까지의 공부 계획이 작은 목표가 될 것이다. 이러한 목표를 어떻게 달성할 것인지를 표로 만들어서 항상 볼 수 있는 자리에 붙여 놓아야 흔들리지 않고 전진할 수 있다. 목표를 계획표에 적는다는 것은 실천을 의미하며, 계획표는 자신과의 약속을 의미한다. 약속을 지키기 위해서는 많은 것을 포기해야 하고, 인내해야 한다.

넷째 주 프로그램 진행 방법

계획표에는 목표 달성 시까지의 시간을 어떻게 활용할 것인지와 관련된 시간 계획표, 목표를 달성하기 위하여 새롭게 갖추어야 할 습관이나 행동을 계획하는 행동 계획표, 그리고 목표를 달성하기 위하여 잠시 미루지만 장차 하고 싶거나 희망하는 것을 적어 놓는 희망 계획표가 있다.

시간 계획표는 일반적으로 생활 계획표라 부르는 것으로, 하루나 일주일의 시간을 쪼개어 어떻게 사용할 것인지를 적어 놓은 것을 말한다. 아침 기상 시간은 언제이고, 공부는 언제하며, 휴식 시간은 언제부터 언제까지인지 등을 적어 놓는다. 시간 계획표의 모양은 네모난 것이든 동그란 것이든 자신이 원하는 대로 만든다. 시간을 쪼갤 때도 10분 단위로 나누는 사람이 있고, 1시간 단위로 나누는 사람이 있는데, 자신이 실천할 수 있는 것이라면 어느 것이든 좋다.

행동 계획표는 목표를 달성하기 위하여 갖추어야 할 습관이나 행동을 적어 놓은 것이다. 공부를 위하여 아침 운동이나 식사를 꼭 한다거나, 1년 안에 100권의 책을 읽겠다고 계획하거나, 공부 중에는 휴대전화를 끄겠다고 결심하거나, 시험 기간에는 게임이나 인터넷 등을 하지 않겠다고 다짐하거나, 공부 중에는 방 밖으로 2회 이상 나가지 않겠다고 결심하는 등이 행동 계획표이다.

희망 계획표는 공부를 하다 보면 하고 싶은 일이 많지만 현실적으로 할 수 없는 상황에서, 하고 싶은 것들을 언젠가 하겠다고 적어 놓은 계획표이다. 공부를 할 때 희망 계획표를 작성하면 마음이 안정되고, 많은 잡념들을 없애는 데 도움이 된다.

계획표를 세우면 작은 목표는 수개월, 중간 목표는 수년, 큰 목표는 수십 년에 걸쳐 나의 하루를 지배한다. 따라서 계획표를 세울 때는 신중하여야 하며, 처음부터 하루에 작성하려고 하지 말고 며칠에 걸쳐서 충분히 여유를 갖고 만들어야 한다. 그리고 계획표를 다 세운 후에는 가능성과 현실성을 검토하여야 한다. 공부중독 프로그램에서 만드는 계획표는 중간 목표와 작은 목표를 대상으로 하는 계획표이다.

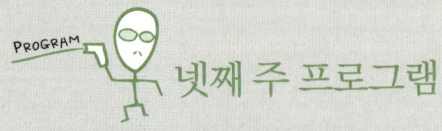

넷째 주 프로그램

코스 A. 시간 계획표 만들기

연간 계획표의 작성	한 학년에 이루고자 하는 목표에 대한 계획표이다. 성적이나 등수, 또는 KMO 등과 같은 경시대회, 선행 학습의 정도, 학원이나 과외 계획 등을 적어 본다.
월간 계획표의 작성	한 달 동안에 이루고자 하는 목표에 대한 계획표이다. 한 달이라는 기간은 어려운 무엇 하나를 집중하여 돌파하기에 알맞은 기간이다. 자신이 어렵다고 생각하는 과목이 있을 때는 한 달간의 계획을 세워 집중하면 해결될 것이다.
주간 계획표의 작성	월요일부터 일요일까지의 계획표로, 학기 중과 방학 기간 중으로 나누어 만든다. 일 년이라는 기간은 일주일 단위로 반복되기 때문에 일주일이라는 기간은 계획을 세우기에 알맞은 기간이다. A. 주말의 이용 토요일과 일요일에는 꼭 2시간 이상의 휴식 시간이 필요하다. 휴식은 공부에 있어서 필수적인 요소이다. 잘 쉬는 사람이 공부도 잘한다. 그리고 토요일에는 복습을 하고, 일요일에는 예습을 하도록 한다. B. 일일 계획표의 작성 일일 계획표는 주간 계획표를 바탕으로 만드는데, 주말은 주중과 달리 별도의 계획표에 의한다. 일일 계획표는 하루의 생활 계획에 대한 자신과의 약속이므로, 자신이 할 수 있는 범위 내에서 계획표를 작성하고 실천해야 한다. C. 노는 시간 계획표를 먼저 만들기 하루의 대부분을 공부 시간으로 채우기보다는 휴식 시간을 먼저 확보한 후에 공부 시간을 계획하는 것이 여유로울 뿐만 아니라 실천을 할 때도 부담이 덜하다. 공부 시간이 줄어들 것이라는 걱정은 하지 마라. 학생들에게 위와 같이 계획표를 세우라고 했을 때 공부 시간이 줄어든 학생보다는 늘어난 학생들이 더 많았다.

주간 계획표의 작성

D. 공부할 양 또는 시간으로 계획 세우기

공부의 양을 기준으로 계획을 세우면 시간 경계선이 무의미해
질 수 있고, 공부할 시간을 기준으로 계획을 세우면 공부를 잠
시 중단해야 하는 경우가 생긴다. 그럼 무엇을 기준으로 계획을
세우는 것이 좋을까? 이 경우에는 각자의 성격에 따르는 것이
좋다. 공부를 중단하더라도 계속 머릿속에 남는 사람은 계획표
를 공부의 양을 기준으로 세우는 것이 좋고, 정해진 시간만큼만
공부를 하겠다는 사람은 시간을 기준으로 계획표를 만드는 것
이 좋다. 어떠한 것에도 속하지 않는 학생이라면 목표량을 정해
놓고 공부하는 것이 좋다. 하루 또는 일주일 분량을 정한 후에
공부를 하는 것이 성취 욕구를 높이고 성취감을 더 느끼게 한
다. 시간 계획에 따라 공부를 할 때의 난점은 목표 시간을 채우
기만 하면 공부를 다 했다고 생각하는 것이다.

E. 4:1:1법칙

40분 공부, 10분 정리, 10분 휴식의 규칙에 따라 작성되어야 한다.

F. 과목별 배치

재미있는 과목을 40분 공부하였으면, 재미없는 과목을 20분 공
부한다. 즉, 자신이 싫어하거나 어려운 과목을 재미있는 과목
사이에 끼워 넣는 것이 좋다. 또한 과목의 성질이 서로 다른 것
을 공부하는 것이 좋다. 수학 다음에 과학을 공부하는 것보다는
국어나 국사처럼 성질이 다른 과목을 공부하는 것이 기억에 오
래 남는다.

코스 B. 행동 계획표 만들기

행동 계획표 만들기	행동 계획표는 목표를 달성하기 위하여 언제부터 어떠한 행동이나 습관을 만들겠다고 약속을 하는 것이다. 자신이 갖추어야 할 습관이나 행동들을 일 년 단위, 한 달 단위, 일주일 단위로 분리하여, 언제부터 언제까지는 어떠한 행동이나 습관을 만들겠다고 적어 놓는다.
계획 이름을 적는다	자신이 갖추고자 하는 습관이나 행동의 이름을 적는다. 예를 들어 책 100권을 읽겠다고 한다면 '100권 프로젝트', 공부 시간에 자주 들락거리는 습관을 버리겠다고 한다면 '뚝심 프로젝트'와 같이 적는다. 계획의 이름은 자신에게 힘을 주고 재미있으면 된다.
기간	언제부터 시작하여 언제까지 습관이나 행동을 갖출 것인지를 약속한다.
왜?	목표를 위하여 왜 이런 습관과 행동을 갖추어야 하는지에 대하여 적어 본다. 이유를 적어 놓지 않으면 얼마의 시간이 지난 후에는 갖추어야 할 습관과 행동의 중요성을 잊게 된다.
어떻게?	새로운 행동과 습관을 갖기 위해서는 어려움과 방해되는 요소들이 많다. 결심만 한다고 바뀌는 것은 없다. 나쁜 습관도 내 몸에 익숙해져 있으면 나름대로 편안하다. 그래서 좋은 습관이 자리 잡기 전에 다시 예전의 나쁜 습관을 유지하는 사람들이 많다. 좋은 습관을 만드는 과정 중에 일어날 수 있는 여러 반응들을 예상하여 어떻게 극복할 것인지를 적어 본다.
결과	계획을 세우고 노력을 하였으면 결과가 나온다. 그동안의 어려웠던 점이나 결과를 적고, 실패를 하였다면 다시 시작한다. 지금 당장이 아니라 다음에 다시 한다는 것은 나쁜 습관을 계속 유지하겠다는 말과 같다.

코스 C. 희망 계획표 만들기

희망 계획표 만들기	공부를 하면서 하고 싶은 일을 다 할 수는 없다. 참는다고 해서 잊혀지는 것도 아니다. 계속 생각나면서 집중을 방해한다. 이 경우에는 희망 계획표나 희망 노트를 만들어 책상 위에 올려놓고 생각나는 대로 자신이 하고 싶은 일을 적어 놓는다. 무엇을 하고 싶고, 언제 그것을 할 것인지를 적어 놓는다면 공부에 집중하는 데 많은 도움이 될 것이다.
	희망 계획표의 첫 줄에는 지금 내가 가장 하고 싶은 일을 적어 본다. 성적 향상이 될 수도 있고 놀이공원이나 극장, 노래방에 가는 것이 될 수도 있다. 하고 싶은 일을 적어 놓기만 해서는 안 되고, 언제 할 것인지를 적어 놓아야 잡념이 생기지 않는다.
성적이 오르면 하고 싶은 일은?	학생들은 성적이 오르면 하고 싶은 일이 많다. 성적이 오른 후에 하고 싶은 일을 할 수 있다는 기대는 목표를 만들거나 의지를 형성한다.
성적이 오른다면 누구에게 가장 먼저 알릴 것인가?	성적이 오르면 할 일도 많고, 자랑할 사람도 많다. 보통은 부모이겠지만 그래도 알리고 싶은 사람의 이름을 적어 본다. 공부를 하는 외로운 과정 중에 많은 위로가 될 것이다.
결과	언제, 무엇을 하겠다는 것을 희망 계획표에 적어 놓은 후, 그날이 지난 후에 원하는 일을 하였는지 점검한다. 희망 계획표는 나에 대한 기록일 뿐만 아니라, 어느 순간에는 공부를 못할 정도로 원했던 일이지만 막상 그 일을 할 수 있는 기회가 왔을 때는 해도 그만 안해도 그만이 된다는 것을 알게 될 것이다. 희망 계획표는 희망을 적는 것일 뿐만 아니라 어느 순간 내 절실함의 가치를 말해 주기도 한다.

자신감이 있는 공부습관 만들기

자신을 믿어라

지난주에 세운 계획표대로 실천하지 못하고 일주일을 보냈다고 해서 실망할 필요는 없다. 처음부터 완벽할 수는 없다. 목표 달성이 가능한 방향으로 계속 수정하여 나아가는 것이 계획표이다. 단지 최선을 다하는 모습이 감동을 만들고 기적을 만드는 것이다. 하지 않으면 아무런 가능성도 없지만, 일단 한 발자국이라도 앞으로 나아간다면 가능성이 생긴다. 스스로에게 실망할 것도 없다. 더 많은 가능성이 남아 있기 때문이다.

자신을 믿어라

공부를 잘하는 최고의 보험은 자신감이다. 비록 목표가 없고 학습전략이 부족하더라도 자신감만 있으면 가능성을 항상 열려 있기 때문이다.

JYP엔터테인먼트의 대표이자 가수인 박진영이 미국에 진출하여 동양인 최초로 자신의 곡을 윌 스미스에게 팔 수 있었던 것은, 자신에 대한 신뢰와 자신감이 있었기 때문이다. 이는 작은 것에 감동하고, 항상 겸손한 성격에서 비롯된 것이다. 목소리가 크고 통이 크다고 자신감이 넘치는 것은 아니다. 진정 자신감이 넘치는 사람은 자신을 믿고, 자신이 할 일에 집중하는 사람이다.

다섯째 주 프로그램 진행 방법

프로그램을 시작한 지 4주일이 지났다. 자신은 4주일 전이나 지금이나 변한 것이 없는 것 같지만 사실 많이 변해 있다. 자신을 알 수 있는 소중한 기회를 가진 것만으로도 평생에 기억될 만한 한 달이었고, 자신을 돌아봄으로써 반성할 기회가 있었고, 변화의 필요성을 느꼈을 것이며, 변화를 위한 새로운 계획도 세웠다. 이번 주부터는 세운 계획을 이끌어갈 힘을 만드는 과정이 시작된다. 자신감은 실패를 성공으로 바꾸는 마술 같은 힘을 가지고 있다.

내가 누구이고, 어떠한 능력을 가지고 있는지를 알고, 능력에 맞는 목표를 설정하였다면 그 목표를 끌고 가는 것은 자신감이다. 아무리 훌륭한 목표가 있더라도 실행하지 않으면 아무 소용이 없다. 목표를 향해 조금씩 실천해 나가야 한다. 하지만 공부를 하는 데 있어서 자신감을 갖기란 쉬운 일이 아니다. 공부 앞에만 서면 자꾸 피하고 싶고, 숨고 싶은 것이 학생의 일반적인 심리이기 때문이다. 그렇다고 목표를 앞에 두고 피하기만 할 수는 없다. 자신감을 억지로 만들어서라도 목표를 향해야 한다.

자신감은 자신에 대한 신뢰에서 비롯된다. 우리 자신은 부족하고 완성되어 있지 않지만, 그런 자신을 믿고 의지하며 살아가는 것도 자신이며, 그런 자신을 사랑해야 한다. 자신을 사랑하는 사람은 자신에 대한 칭찬에 인색하지 않으며, 주어진 시간을 낭비하지 않고, 주어진 어려운 상황과 환경을 극복하려고 노력하며, 자신이 가지고 있는 것들을 하나하나 아끼고 다듬어서 삶의 양분으로 사용한다. 자신을 사랑하는 사람만이 남을 사랑할 수 있고, 세상을 밝게 만든다. 평소에 자기 자신을 사랑하고 칭찬하여 긍정적인 자아 개념을 가진 사람은 자신감 있게 생활하기 때문에 어려움 앞에서도 당당하다. 자신감과 긍정적 사고의 가장 큰 장점은 사소한 걱정거리를 무시하고 집중력을 유지시킨다는 것이다.

이 세상에서 유일한 존재로서의 가치를 지니고 있는 나를 가장 잘 아는 사람은 나 자신이다. 내가 얼마나 나쁜 사람이고, 얼마나 위선적이고 겁이 많은지, 치명적 약점이 무엇인지를 알고 있는 것도 자신이다. 자신의 억울한 사연을 가장 잘 이해하는 것도 자신이다. 그러므로 자신을 믿어야 한다. 내가 세상의 신뢰를 잃었다고 하더라도 나를 믿는 최후의 보루는 자신이다. 자신의 선택을 믿고 자신의 목표에 확신을 가져라.

다섯째 주 프로그램

내가 나를 사랑해야 하는 이유	나는 사랑받을 자격이 있다. 이 세상 사람들이 나에게 등을 돌려도 내가 나를 사랑해야 하는 이유는 많이 있다. 그 이유를 5가지만 적어 본다. 자신을 사랑할 줄 아는 사람이 남도 사랑하고 자신에 대한 믿음도 가질 수 있다.
나를 사랑하는 이유	주위의 사람들이 나를 칭찬하고 사랑하는 이유가 무엇인지를 적어 본다. 부모, 형제자매, 친구들, 기타의 사람들이 나를 칭찬하고 사랑하는 이유를 적어 본다.
나의 가치에 대해 생각해 보자	이 세상에 존재하는 것은 어떠한 것이든 가치를 가지고 있다. 나는 이 세상에서 어떠한 가치가 있는가? 사회적 존재 가치, 학교 안에서의 가치, 친구 사이에서의 가치, 가족에서의 가치 등을 생각하여 적어 본다.
내가 나를 신뢰해야 하는 이유	나에 대해 가장 잘 아는 사람은 자신이다. 남으로부터 받는 신뢰도 중요하지만 나를 신뢰하는 것이 자신감의 바탕이며, 남을 사랑하는 마음을 가지게 하는 중요한 열쇠이다. 내가 나를 신뢰해야 하는 이유를 적어 본다.
나는 나를 신뢰하는가?	자신감은 나를 신뢰하는 것에서 부터 시작된다. 내가 나를 얼마만큼 신뢰하고 있는지, 신뢰하지 못하는 이유는 무엇인지, 신뢰를 회복하기 위한 방안은 무엇인지 적어 본다.
사랑하고 있는 것들	살아가면서 내가 사랑하거나 사랑해야 할 것들은 무척이나 많다. 내가 사랑하고 있는 것을 적어 보고, 사랑하는 것들이 나에게 주는 의미와 가치를 적어 본다.
칭찬받았던 일들은 무엇인가?	지금은 공부 외에 칭찬받을 일이 별로 없어서 칭찬을 받았던 때가 기억나지 않을 수도 있다. 그래도 심부름을 잘하고, 약속을 잘 지키고, 운동을 잘하는 것 등의 이유로 칭찬을 받은 적이 있었을 것이다. 어느 때 어느 칭찬을 받았는지를 모두 찾아서 적어 보고, 공부와 관련하여 칭찬을 받은 것이 있다면 그것도 적어 본다.
나를 칭찬할 만한 것들	나는 내가 생각하여도 칭찬을 받을 만한 것들이 많이 있지만 남들이 알아 주지 못하여 칭찬을 받지 못하고 있다. 나에게 칭찬해 주고 싶은 행동이나 생각을 적어 본다.
내가 잘하거나 잘할 수 있는 일	남보다 내가 잘할 수 있다고 생각하는 일을 적어 본다. 그리고 주위 사람들이 나는 무엇을 잘하고, 잘할 수 있다고 말하는지를 적어 본다.

자신감이 있는 공부습관 만들기

작은 성공 경험을 통한
자신감 증대

성공은 성공을 부르고, 좌절은 좌절을 부른다. 성공을 해 본 사람이 다시 성공을 하고, 실패에 젖은 사람은 실패를 벗어나지 못한다. 공부에 있어서도 지난 시절의 성공 경험이 중요하다. 공부를 하는 동안에는 많은 고비가 있다. 이때 공부에 대한 성공 경험이 있는 아이는 쉽게 고비를 벗어날 수 있다.

성공 경험은 그 일에 대한 자신감으로 나타난다. 따라서 어떤 일에 대해 자신감을 갖기 위해서는 많은 성공 경험을 갖는 것이 중요하다. 과거에 성공 경험이 없는 아이라면 인위적 과정을 통해서라도 성공 경험을 만들어 자신감을 갖도록 해야 한다. 한번 형성된 성공 경험은 오랫동안 용기로서 작용할 것이다.

작은 성공 경험을 통한 자신감 증대

성공 경험을 만드는 인위적 작업은 우선 작은 성공의 연속을 통해 '나는 할 수 있다.'는 자신감에 젖게 만드는 것이다. 여기서 중요한 것은 자신이 생각해도 충분히 성공할 수 있는 것이어야 한다는 점이다. 너무 높은 과정이나 어려운 과정을 목표로 삼아 성공하려고 해서는 안된다. 이번 주는 성공 경험을 쌓기 위한 프로그램 과정이므로, 분명히 성공할 수 있는 것을 목표로 세워 반드시 성공하여야 한다. 그리고 이번 주에는 공부와 관련 없는 부분에서의 성공 경험을 쌓도록 한다. 처음부터 공부와 관련된 경험을 쌓으려고 하면 부담감이 생길 수 있으므로, 공부 관련 성공 경험은 다음 주에 하기로 한다. 성공 경험은 짧은 기간에 연속적으로 얻는 것이 좋다.

여섯째 주 프로그램 진행 방법

작은 목표를 성공함으로써 자신감을 쌓아가는 것이 이번 주 프로그램 목표이다. 목표라고 말하기 위해서는 자신의 노력이 어느 정도는 필요하다. 너무 높은 목표는 아니지만 자신의 노력으로 충분히 달성할 수 있는 정도여야 한다. 불가능한 목표를 세우거나 너무 쉬운 목표를 세우면 성공 경험도 얻지 못하고, 성공을 하여도 자신감이 생기지 않는다. 즉 '나도 노력을 하면 할 수 있구나.'를 느낄 수 있는 정도의 목표여야 한다. 달성하기 쉽고, 단기적으로 실천할 수 있는 목표부터 시작한다. 자신이 좋아하거나 흥미를 가지고 있는 놀이나 게임을 이용하여 계획을 세우는 것도 좋다. PC 게임이나 만화책 보기와 같이 평소에 하고 싶었지만 하지 못하였던 것을 공부중독 과정이라는 핑계를 삼아 하여도 좋다. 그러나 여기에는 자신의 방에서 하루의 일정 시간을 일주일 동안 하여야 한다는 규칙이 있다. 예를 들어 저녁 6시부터 10시까지는 게임 시간으로 정하여 일주일을 하는 것이다. 만약 PC가 거실에 있으면 게임을 해서는 안되고, 자신의 방에서 할 수 있는 다른 것으로 바꿔야 한다. 이 프로그램은 자신의 방에서 자신의 영역을 만들고, 일정 시간, 일정한 일에 집중하는 훈련도 포함되어 있기 때문에 방 밖에서 하는 것은 의미가 없다.

공부도 아니고 게임을 하거나 만화책을 보는 것이 무슨 자신감을 기르는 과정인지 의문이 생길 것이다. 그런 것은 시키지 않아도 잘 알아서 한다고 생각할 것이다. 그러나 지금 아이에게 필요한 것은 '자신이 마음만 먹으면 할 수 있다.'는 자신감이며, 하루 중에서 어느 시간에는 규칙적으로 무엇에 집중하고 있다는 규칙성을 심어 주는 것이 우선이다. 약속한 대로 정해진 시간에 게임을 끝냈으면 약속을 잘 지켰다는 칭찬이 필요하다. 약속을 지킨 것에 대해 칭찬을 하면 아이는 자신의 행동에 자긍심을 느끼고, 앞으로도 약속을 지키기 위해 노력할 것이다. 가능하다면 게임에 대하여 같이 이야기를 나누는 것이 좋다. 아이는 부모가 공부에만 관심이 있는 것이 아니라 자신이 하는 일 모두에 관심을 가져 준다는 것을 알고 부모에 대한 믿음이 생길 것이다. 이 믿음은 공부에 있어서나 사춘기 때 아이에게 옳은 길을 보여 주고, 따라오게 하는 커다란 힘으로 작용할 것이다. 처음부터 공부에 관한 규칙을 만들어 실천하라고 하면 아이는 달라지지 않을 것이다. 여기서 주의해야 할 것은 처음부터 공부를 시켜서는 안된다는 것이다. 먼저 공부에 대한 인식부터 긍정적으로 바꾼 후에, 할 수 있다는 자신감과 규칙적으로 책상에 앉아 있는 습관을 만들어 주어야 한다.

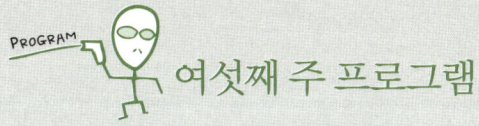

여섯째 주 프로그램

코스 A. 성공 경험

성공 경험을 적어 본다	이제까지 무엇 하나 이룬 것이 없는 것 같아도 생각해 보면 어릴 때 게임 레벨 업그레이드에 성공한 것을 비롯하여 성공했던 것들이 많이 있을 것이다. 성공했던 기억들을 어릴 적부터 하나하나 찾아서 적어 보고, 이런 성공 경험들이 왜 공부에서는 힘으로 작용하지 못하는지를 적어 본다.
작심삼일	잘 생각해 보면 나에게도 결심을 하면 반드시 실천을 하는 부분이 있다. 게임이든 놀이이든 상관없다. 내가 모든 일에 결심만 하고 실천을 하지 않는 사람이 아니라는 것만 알면 된다. 내가 결심을 하면 꼭 이루는 부분이 어느 부분인지를 적어 보고, 나는 약속을 지키는 사람이라는 것을 칭찬하라.

코스 B. 성공 경험 과제

실천 과제	일주일 동안 진행하여 성공할 수 있는 도전 과제가 무엇인지를 적는다. 예를 들어 매일 저녁 7시부터 9시까지 퍼즐 맞추기를 하기로 하였다면, 퍼즐의 제목을 따서 '물병자리 프로젝트'라는 이름을 적는다.
선택한 과제를 하는 이유	이 프로그램의 목적은 성공 경험을 통해 자신감을 얻는 데 있다. 자신이 왜 이 과제를 선택하였는지와 선택한 과제를 통해 무엇을 얻을 수 있는지를 적어 본다.
기간과 시간	도전 과제의 시행 기간인 일주일과 과제를 하는 시간을 적어 본다. 일반적으로는 월요일부터 일요일로 정하는 것이 좋다. 보통 사람에게 일주일이란 월요일을 시작점으로 하여 일요일을 끝점으로 인식하기 때문에, 그 의미를 그대로 살리는 것이 좋다. 그리고 과제는 상황에 따라 시간을 변경하지 말고, 일정한 시간에 하여야 한다.
실천 방안	어떻게 과제를 성공할 것인지에 대한 방안을 적어 본다. 머릿속으로 계획을 세우는 것보다는 문자로 표현해 보는 것이 좋으며, 이는 자신의 의지를 높이는 데도 도움이 된다. 실천방안은 현실적이어야 하며, 자신의 시간과 능력을 사용하여야 한다. 하루에 몰아서 한다거나 밤을 새워서 한다거나 머릿속으로만 하는 것은 아무 효과가 없다.
하루 목표	매일매일의 성공 경험을 위하여 하루의 목표량을 적는다. 요일별로 똑같이 나눌 수도 있고, 달리 나눌 수도 있는데, 이는 자신의 요일별 스케줄에 따른다. 하루의 목표를 달성하였을 때는 스스로를 칭찬한다.
과제 수행 시의 어려운 점	과제를 진행하면서 어려웠던 점을 이곳에 적어 놓는다. 지금은 해결하기 어렵겠지만 나중에 다시 프로그램을 진행할 때 많은 도움이 될 것이다.
과제 수행 결과	과제 수행을 끝낸 후에 자신감이 어떻게 변하였는지를 적어 본다. 이 과제가 쉬웠던 것은 자신도 알고 있는 것이지만, 일주일을 쉬지 않고 정해진 시간에 정해진 일을 완성한 자신을 칭찬하기 바란다. 아무리 쉬운 일도 규칙적으로 한다는 것은 쉬운 일이 아니기 때문이다.

공부 관련 성공 경험을 통한 자신감 증대

지난주에 공부와 관련 없이 자신이 좋아하는 것을 실천하여 규칙성과 자신감을 얻는 과정을 실천했다면, 이번 주에는 공부 관련 성공 경험을 통하여 자신감을 얻는 과정을 실천해 본다. 공부에 관련된 성공 경험 역시 현재 자신의 능력 범위 내에서 목표를 세우고 계획하여 연속적으로 성공 경험을 쌓는 것이다. 공부를 통한 작은 성공의 경험은 더 큰 공부 목표를 세울 때 힘이 될 것이다. 작은 성공의 공부 경험은 공부중독에 빠져드는 시작 단계이다.

공부 관련 성공 경험을 통한 자신감 증대

공부는 재미있는 과정이다. 퍼즐을 좋아하는 아이라면 국어나 영어는 낱말 퍼즐이 될 수 있고, 수학은 숫자 퍼즐이 될 수 있다. 만약 국어나 영어, 수학이 퍼즐이라면 재미있겠지만 공부라고 생각하기 때문에 어렵고 지겹게 느껴지는 것이다. 음악이든, 미술이든 자신이 좋아하는 것과 연결하면 공부가 재미있어진다. 자신이 좋아하는 것이 있다면 모든 과목을 자신이 좋아하는 것으로 바꾸어 생각해 보라.

공부를 지겹고 어려운 것이라 생각하면 더욱 멀어지고, 재미있고 쉬운 것이라 생각하면 점점 가까워진다. 누구든 자신이 잘하는 것에는 관심을 가지고, 흥미를 느끼며, 그 안에서 재미를 찾으려 한다. 공부 역시 잘하는 것이라면 누구든 관심을 갖고, 시간을 투자하며, 공부 속에서 재미를 찾으려 할 것이다. 공부를 못한다면 잘하는 것으로 바꾸거나 잘할 수 있는 방법을 찾아보자. 중독은 서서히 이루어진다. 하나의 성공이 또 다른 성공을 만들듯이, 작지만 연속적으로 공부에 성공한다면 공부를 잘하게 될 것이다.

일곱째 주 프로그램 진행 방법

자신이 생각할 때 약간 어려운 공부 과정을 1주일을 목표로 하여 진행한다. 약간 어렵다는 것은 평소보다 조금은 진도량이 많은 정도를 말한다. 목표량을 세울 때는 무조건 대략 잡는 것이 아니라 1주일 동안의 시간을 계산하여 하루하루 분량을 세운다. 1주일의 시간으로는 부족한 양이거나 나 혼자만의 노력으로는 해결하지 못할 정도의 양을 목표로 삼아서는 안된다. 평소보다 조금 더 노력하고 시간을 투자하여 1주일 내에 할 수 있어야 한다. 이해를 못하고 대강 넘어간 부분이 있거나, 완전하게 파악하기를 원하는 부분을 대상으로 일주일을 투자하는 것도 자신감을 얻는 방법이라 할 수 있다. 예를 들어 인수분해 부분이 시간이 없어서 제대로 이해를 하지 못하고 지나갔는데 일주일 동안 인수분해에 몰두하여 완전하게 이해할 수 있었다면, 적어도 인수분해에 관해서는 자신감을 얻을 수 있다. 조금은 재미있는 일주일을 보내고 싶다면 가장 자신 있는 과목의 일정 부분을 완전 이해하여 만점에 도전해 보는 것도 좋다. 어느 부분이 되었든 시간과 노력에 의해 성공할 수 있는 것을 목표로 삼아야 한다.

공부에 필요한 습관을 형성하기 위해서는 일주일이라는 시간이 부족하지만, 성공을 한다면 매일매일 자신에 대한 믿음을 갖고 칭찬을 하기 바란다. 누구든지 새로운 것은 처음이 어려울 뿐, 일주일만 버틸 수 있다면 성공할 수 있다. 성공하지 못했다고 해서 실망할 필요는 없다. 아직 시간은 많이 남아 있고, 다시 시작하여도 성공할 시간은 충분하다.

일주일 간의 목표는 한두 가지가 좋다. 너무 많아서 자신이 무엇을 해야 하는지 모른다거나 너무 힘들어 포기하면 안된다. 그렇다고 너무 쉽거나 별다른 노력 없이도 달성할 있는 것이라면 성공 경험을 쌓을 수 없다. 따라서 자신의 노력에 칭찬을 할 수 있는 정도는 되어야 한다.

일곱째 주 프로그램

실천 과제	조금은 어려운 과정이지만, 노력만 하면 달성할 수 있는 과제를 선택하고 과제명을 이곳에 적어 본다. 예를 들어 일주일 동안 인수분해를 완전히 이해하는 것을 목표로 했다면 '인수분해 완전 격파'라고 적는다.
선택한 과제를 하는 이유	이 프로그램의 목적은 공부에 대한 성공 경험을 쌓는 데 있다. 자신이 왜 이 과제를 선택하였는지와 선택한 과제를 통해 어떤 자신감을 얻을 수 있는지를 적어 본다.
기간과 시간	도전 과제의 기간인 일주일을 적고, 과제를 시행하는 일정 시간을 적는다.
실천 방안	계획을 세운 후에 이를 문자화하는 습관은 아무리 강조해도 지나치지 않다. 이왕하는 것이라면 즐겁게 하는 것이 좋다. 이 과제를 재미있게 실천할 수 있는 방안에 대하여 적어 본다.
하루 목표	매일매일의 성공 경험을 위하여 하루의 목표량을 적는다. 요일별로 똑같이 나눌 수도 있고 달리 나눌 수도 있는데, 자신의 요일별 스케줄에 따른다. 공부에 필요한 습관 만들기를 과제로 선택한 경우에는 조그만 표를 만들어서 잠자리에 들기 전에 실천 여부를 체크해 보는 것이 좋다. 하루의 목표를 달성하였을 때는 스스로를 칭찬하기 바란다.
과제 수행 시의 어려운 점	과제를 진행하면서 어려운 점이 있다면 이곳에 적어 놓는다. 지금은 해결하기 어렵겠지만 나중에 다시 프로그램을 진행할 때 많은 도움이 될 것이다.
과제 수행 결과	과제 수행을 끝낸 후에 변화된 자신에 대하여 생각해 본다. 일주일을 쉬지 않고, 정해진 시간에 공부 관련 과제를 완성한 자신을 칭찬한다. 그리고 공부에 대한 자신의 생각과 목표에 대한 생각을 다시 정리하여 적어 본다. 그리고 공부에 대한 자신감이 어떻게 변하였는지를 적어 본다.

자신감이 있는 공부습관 만들기

나의 목표와 공부

목표를 달성하기 위해서는 공부를 해야만 한다. 지금 목표를 위해 할 수 있는 최선은 공부이고, 지금 내가 가장 잘할 수 있는 것도 공부밖에는 없다. 공부는 목표를 향하고 있다. 지금 내가 목표를 향해 질주할 수 있는 것은 공부가 있기 때문이다. 최선을 다해 살기를 원한다면 지금이야말로 공부하기에 좋은 시절이다.

나의 목표와 공부

나에게는 삶의 목표가 있고, 목표를 달성할 계획이 있으며, 달성할 수 있는 자신감이 있다. 그리고 그 목표의 출발점인 공부는 내가 가장 잘할 수 있는 부분이기도 하다. 공부 이외에 학생이 잘할 수 있는 것은 없다. 학생의 특기는 공부이다. 또한 공부를 해야 하는 이유는, 목표에 이르는 방법 중에서 공부가 가장 쉽기 때문이다. 똑같이 9시간을 일하고 받는 수입이 사람마다 각자 다른 것이 사회라면, 공부는 공부한 만큼의 대가가 돌아온다. 또한 공부는 사회적 과실을 얻을 수 있는 가장 쉬운 방법이다. 성적순으로 대학에 들어가고, 그 순서대로 좋은 직장을 얻는다. 사람의 능력을 평가하는 하나의 방법으로 공부와 성적이 적용되는데, 이에 따른 부작용이 있는 것이 사실이기는 하지만 더 나은 평가 방법이 나오지 않는 한 앞으로도 이 방법이 사용될 것이다.

여덟째 주 프로그램 진행 방법

공부를 잘하기 위해 치열한 경쟁을 벌이는 것은 미래에 얻을 수 있는 과실이 많아지기 때문이다. 공부라는 것이 남보다 나은 지위를 차지하기 위한 방법이기 때문에 어쩔 수 없이 경쟁이 필요하다고는 하지만, 이에 따르는 부작용은 실로 심각하다(청소년 자살 원인 중 성적, 진학 문제가 51%로 가장 높다). 성적은 결과이다. 남과는 상관 없는 나만의 노력에 대한 결과이다. 사실 공부는 남과 경쟁할 필요도, 비교할 필요도 없는 외로운 작업이다. 그런데 성적을 통하여 남과 비교를 하기 때문에 우울해지는 것이다. 자기 성적에 만족하는 사람은 드물다. 반 1등도 전교 1등보다는 못하고, 전교 1등도 전국 1등보다는 못하기 때문에 항상 스트레스만 쌓이게 된다.

남을 의식하지 않고 공부를 함으로써 경쟁과 비교에서 벗어나고, 성적으로 부모에게 기쁨을 줄 수 있는 방법은 나만의 공부에 중독되어 몰두하는 것이다. 경쟁을 잊음으로써 비교에서 해방될 수 있으며, 성적을 잊으로써 좀 더 나은 성적을 얻을 수 있다. 공부에 몰두한다는 것은 목표를 향해 질주하는 것을 말한다. 마라톤 경기에서 골인점에 가장 먼저 도착하는 선수는 남을 의식하지 않고 자신의 페이스를 끝까지 지킨 사람이다. 공부를 하는 학생도 자신만의 공부에 미쳐 있어야 원하는 만큼의 성적을 올릴 수 있고, 원하는 것을 가질 수 있다.

이번 주에는 공부에 대한 나의 생각을 정리해 본다. 가장 먼저 공부를 해야 하는 이유가 무엇인지 생각해 보자. 그리고 공부가 목표를 달성하는 데 어떠한 역할을 하는지를 정리하면서 지금 무엇을 해야 하는지를 알아본다.

여덟째 주 프로그램

나의 목표는 무엇인가?	나의 직업적 목표와 대학과 학과, 그리고 현재의 공부 목표에 대해 적어 본다.
공부를 해야 하는 이유	학생은 왜 공부를 해야 한다고 생각하는지를 3가지 이상 적어 본다.
공부를 하는 이유	자신은 왜 공부를 하는지를 적어 본다. 습관적으로 또는 어떤 목표 때문일 수도 있고, 재미 때문일 수도 있다. 자신의 목표를 달성하는 데 있어 공부 이외의 다른 방법이 있다면 적어 본다.
공부가 재미있었던 적이 있는가?	어릴 적에는 누구든지 가르치지 않아도 학습에 흥미를 갖고 스스로 학습을 하였다. 그 이후에도 가끔은 공부가 재미있었던 적도 있다. 어느 때 그것을 느꼈는지를 생각해 보고, 그때 주위 사람들의 반응은 어떠했는지를 적어 본다. 그리고 현재 공부가 재미있다고 느꼈던 때를 적어 본다.
공부는 어떠한 역할을 하는가?	내가 원하는 삶을 살기 위해서는 일정한 조건과 목표를 달성하여야 한다. 그리고 그 목표를 달성하는 데 있어서 공부는 일정한 역할을 맡고 있고, 공부를 이용하지 않고 목표를 달성하는 방법은 없다. 목표를 달성하기 위한 조건으로서의 공부는 어떠한 역할을 하고 있는지에 대하여 적어 본다.
목표를 달성하기 위한 나의 노력	큰 목표와 작은 목표를 달성하기 위하여 지금 내가 노력하고 있는 것이 무엇인지를 적어 본다. 아직은 계획만 있고 실천을 하지 않은 것도 있을 것이고, 지금 실천하고 있는 것도 있을 것이다. 정리를 하면서 지금 해야 할 일이 무엇인지를 적어 본다.
공부를 방해하는 요소는?	공부를 방해하는 요소와 그 방해를 제거할 수 있는 방법에 대하여 적어 본다.
내가 공부를 잘할 수밖에 없는 이유	나는 공부를 잘할 수 있는 많은 조건과 능력을 가지고 있다. 내가 공부를 잘할 수밖에 없는 이유를 적어 본다.

학습전략이 있는 공부습관 만들기

나에게 필요한 학습전략은 무엇인가?

전쟁에서 이기고 지는 핵심은 전략이다. 군인과 물자가 풍부하고 첨단 장비가 있다고 하더라도 전략을 어떻게 운영하느냐에 따라 전쟁의 승패가 갈린다. 군인의 숫자만 믿고 밀어붙이던 시절은 지났다. 첨단 장비가 있어도 제때 못 쓰면 고철덩어리에 불과하다. 이와 마찬가지로 공부를 잘할 수 있는 능력이 뛰어나도 학습전략이 없으면 무용지물이다.

나에게 필요한 학습전략은 무엇인가?

학습전략은 '무엇을 학습목표로 해야 하는가'가 아니라 '학습목표를 어떻게 달성하는가'에 대한 이야기로, 목표를 달성하는 방법론과 밀접하게 관련되어 있다.

그리고 공부는 효율적이어야 한다. 공부에 영향을 끼치는 집중력, 기억력, 독서법, 노트 필기 요령 등을 효율적으로 사용하는 것이 학습전략이다. 자신이 가지고 있는 학습능력을 효율적으로 사용하기 위해서는 학습전략이 필요하고, 학습전략은 기술적 요소가 강하므로, 배우고 익히면 누구나 학습전략적 능력을 높일 수 있다.

나에게 필요한 학습전략이란, 똑같은 공부를 하고서도 성적이 가장 잘 나오는 학습계획을 말한다. 공부를 하지 않고도 성적이 잘 나올 수는 없지만, 전략이 잘 세워지면 똑같은 시간을 투자하고도 남보다 높은 성적을 기대할 수 있다. 효율적인 전략을 사용하여 공부를 하면 내 능력 이상의 성적을 낼 수 있지만, 효율성이 없는 전략은 능력에 비하여 낮은 수준의 성적을 내거나 공부에 지치게 만든다.

학습전략을 세울 때는 항상 목표를 가까이 두고 전략을 세워야 한다. 그래야만 자신이 어디를 향하여 가고 있고, 지금 무엇이 필요한지를 알려 줄 것이다.

아홉째 주 프로그램 진행 방법

학습전략이 계획성이 짙다면, 학습방법은 계획을 실천하는 하나하나의 방법을 말한다. 전략을 수행하는 데는 도구가 있어야 하는데, 그 도구가 바로 학습방법이다. 학습전략만으로는 목표를 달성하지 못한다. 목표를 달성하는 수단은 하나하나의 학습방법이고, 학습방법은 공부의 형태로 나타난다. 학생마다 성격이 다르듯이 각자 학습방법이 다르고 효율적인 공부 형태도 다르다. 이는 창의적 학습전략과 나만의 공부방식이 필요하다는 것을 의미한다. 이 세상에는 공부를 잘하게 만들어 준다는 방법이 수없이 나와 있고, 지금 이 순간에도 계속 나오고 있지만, 공부를 잘한다는 학생도 이 중 한 두가지만 공부방식으로 이용하고 있다. 모든 것을 경험할 만큼 시간이 충분하지 않으며, 한두 가지만을 나만의 방식으로 습관화해도 성적은 오른다.

무엇이 나에게 맞는 학습방법인지는 '효율성과 지속성'을 기준으로 따져보아야 한다. 자신이 어느 때 가장 효율 높은 공부를 하는지를 파악한 후, 새벽형인 사람은 새벽에 공부 계획을 세우고 야간형인 사람은 저녁에 공부 계획을 세워야 한다. 또한 하루하루 꾸준히 하는 공부형이 있고, 시험 때가 다가와서 벼락치기로 공부를 하는 학생도 있다. 누가 뭐래도 꾸준히 하는 것이 옳지만, 그렇지 못한 이유가 있다면 벼락치기 공부도 단기 집중력을 높인다는 면에서는 나쁘다고 볼 수만은 없다. 단, 이왕 자신이 벼락치기가 맞는다면 평소에는 편안한 마음으로 시간을 활용하는 것이 좋다. 다만, 결정에 따른 불안은 없어야 한다.

공부 장소 역시 자신의 공부 효율이 높을 곳을 택해야 한다. 즉, 공부 효율이 높은 곳에 공부 시간을 집중시켜야 한다. 이때는 다른 학생들을 따라 움직여서는 안된다. 학원에 다녔을 때가 혼자 공부를 하였을 때보다 성적이 잘 나오는 학생은 학원에 다니는 것이 당장은 효율적이지만, 공부중독 학생은 기본적으로 혼자 공부하고, 보충적으로 학원을 이용하는 것이 효율적이다.

학생 중에는 혼자 공부하는 것을 좋아하지만 부모가 불안하다는 이유로 학원에 다니는 학생들이 있다. 이런 학생들은 딱 3달만 믿고 기다려 달라고 부모에게 말한 후, 혼자 공부를 해 보라. 어떤 계획도 없고, 실천하는 모습도 보여 주지 못하면서 무조건 믿고 기다려 달라는 것도 억지일 수 있으므로 부족한 과목은 인터넷 학습이나 EBS를 통해 보충하고, 나머지 공부는 계획표를 작성하여 실천하겠다고 말씀드려야 부모님이 안심을 할 것이다.

부모님들은 학생의 성적에 일희일비하므로, 혼자 공부하기로 마음먹은 학생은 부모를 안심시킬 수 있는 믿음을 주어야 한다.

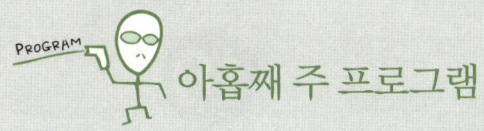

나에게 맞는 공부 형태는?	야간형, 새벽형 중에서 자신에게 맞는 학습 형태는 무엇인지 생각해 보고, 왜 자신에게 그 형태가 맞는지 이유를 적어 본다. 그리고 자신에게 맞는 학습 형태의 장점에 대하여 적어 본다.
	학원형, 과외형, 나홀로형, 혼합형 중에서 자신에게 맞는다고 생각하는 학습 형태를 적어 본다. 그리고 자신이 주로 이용하는 학습 형태의 장단점이 무엇인지를 적어 본다.
	벼락치기형, 꾸준형 중에서 자신은 시험에 대비하여 어떻게 공부를 하고 있는지를 생각해 보자. 벼락치기 형태의 공부를 하고 있다면 자신이 왜 그 형태의 학습을 하는지를 적어 본다.
	목표형, 즉흥형은 계획표의 유무에 따라 구분한 것이다. 계획을 세워서 계획표에 따라 공부를 하는 것이 목표형이고, 계획도 계획표도 없이 공부를 하는 것이 즉흥형이다. 무엇이 옳고 그르냐를 떠나서, 즉흥형의 경우에는 왜 자신이 계획을 세워서 공부를 안하는지에 대하여 생각하고, 장점이 있다면 장점을 쓰고, 변론을 할 것이 있으면 변론을 해 본다.
성적 계획	나에게 맞는 공부 형태를 유형별로 정리해 보고, 다음 시험에 대비한 나의 성적 계획을 세워 본다. 어느 정도의 성적 향상을 목표로 하는지, 어느 정도의 공부 시간 확보를 목표로 하는지를 적어 본다.
공부와 성적에 영향을 미치는 요소	공부에 영향을 끼치는 요소로는 목표, 자신감, 전략을 들 수 있다. 이 밖에도 많은 것들이 공부와 성적에 영향을 끼치고 있다. 자신이 생각할 때 자신의 공부와 성적에 가장 많은 영향을 끼치고 있는 요소들이 무엇인지를 적어 본다. 그리고 부정적 요소들을 제거 또는 감소시킬 수 있는 방안을 적어 본다.

⑩

학습전략이 있는 공부습관 만들기

CSQ3Rd란?

세상에는 학습에 관한 수많은 학습방법론이 있지만 이 중에서 'CSQ3Rd 공부법'은 현존하는 학습방법 중 가장 우수하다고 평가받는 방법 중 하나이다. 이 방법은 책을 보는 방법과 공부의 틀을 잡아 주고, 투자 시간 대비 높은 성적 향상을 가져다 준다. 'CSQ3Rd 공부법'은 만점을 위한 학습법으로, 특히 '시각 바꾸기(Change)', '질문 만들기(Question), '다른 방법은?(different way?)'의 경우에는 고득점을 원하는 학생에게 반드시 필요한 학습방법이다. 어떤 과목을 공부하든지 'CSQ3Rd 공부법'을 적용하여 나만의 공부법으로 승화시켜 보자.

CSQ3Rd?

'CSQ3Rd 공부법'은 7단계에 걸쳐서 책을 보는 방법으로 구성되어 있다. 그러나 단순히 책을 읽는 순서가 아니라 공부를 하는 방법이기도 하다.

1단계 '시각 바꾸기(Change)'는 책을 읽을 때 독자의 입장에서 저자의 전달 내용을 그대로 이해하려고 하는 것이 아니라 작가의 입장에서 내가 저자라면 이 책을 어떻게 구성할 것인지를 생각하며 책을 대하는 것이다.

2단계 '훑어보기(Survey)'는 공부할 내용들을 상세히 살펴보기 전에 전반적인 책의 내용을 파악하여 무엇이 중요하고, 중요하지 않은지를 가려내는 것을 말한다. 훑어보기는 공부할 양과 소요 시간 파악, 공부 계획 작성에 도움이 된다.

3단계 '질문 만들기(Question)'는 질문을 만들면서 책을 읽는 것을 말한다. 무조건 읽는 것보다 조금 더 시간이 걸리지만 그 효과는 몇 배에 달한다.

4, 5, 6단계인 '읽기(Read)', '외우기(Recite)', '복습하기(Review)'는 이제까지 학교에서 배워 온 공부방법과 같다.

7단계 '다른 방법은?(different way?)'은 정답을 대신할 다른 답이나 해답을 대신할 다른 풀이 방법, 기존 단어를 대신할 다른 단어는 없는지를 찾는 것이다.

열째 주 프로그램 진행 방법

'CSQ3Rd'의 7단계가 무엇인지 알았다면 이를 공부에 어떻게 적용할 것인지에 대해 알아보자. 'CSQ3Rd'는 어떤 과목이든지 적용할 수 있다. 국어, 영어, 수학 모두 '시각 바꾸기(Change)', '훑어보기(Survey)', '질문 만들기(Question)', '읽기(Read)', '외우기(Recite)', '복습하기(Review)', '다른 방법은?(different way?)'이 적용된다. 처음 시작할 때는 한 과목, 한 책을 가지고 적용하는 연습을 하는 것이 좋다. 아직 용어도 익숙하지 못하고, 용어의 내용을 적용하는 것도 어색하겠지만, 이 방법이 최선이라는 확신을 가지고 계속 연습을 해야 한다.

'CSQ3Rd'는 책 전체에 적용되지만 책을 읽는 부분에도 적용된다. 예를 들어 수학 문제를 풀 때 문제를 훑어보고(Survey), 내가 책의 저자라면 이 문제가 여기서 적당한 문제인지(Change)를 생각하고, 문제를 푼 후에는 해답지에 나와 있는 풀이 방법 외에 다른 방법이 있는지를 찾아본다(different way?). 다른 공식을 사용한다거나 다른 풀이 방법상으로도 똑같은 답을 이끌어 낼 수 있다면 있는 만큼 찾아내는 것이다. 그리고 하나의 문제를 응용하여 다른 문제로 바꾸어 본다(Question).

이를 자세히 살펴보면 CSQ3Rd의 7단계가 모두 적용되지 않은 것을 알 수 있다. 전체적으로 책을 훑어볼 때는 7단계가 모두 적용되지만, 부분에 적용할 때는 이 중 몇 가지만 적용되는 경우가 많다. 어느 때 무엇이 적용되는지는 문장이나 문제의 형태에 따라 달라진다.

또한 이 모든 단계는 순서대로 적용되지 않는다. 즉, 순서는 의미가 없다. '시각 바꾸기(Change)'가 첫 번째 단계이지만, '질문 만들기(Question)'가 먼저 적용될 수도 있고, '다른 방법은?(different way?)'이 먼저 적용될 수도 있다. 훑어보고 읽어가면서 그때의 상황에 따라 순서가 변형되는 것이다. 또한 책을 읽어나가는 도중에는 'CSQ3Rd'를 별도로 분리하여 하나하나 적용하는 것이 아니라 책을 읽어가면서 동시에 적용한다. 책 전체를 바라보고 구성할 때는 어느 정도 분리 적용하지만, 책 내용을 읽어나갈 때는 읽으면서 동시에 적용한다. 그러나 처음부터 동시 적용하기는 어렵다. 자연스럽게 동시 적용하기 위해서는 처음에는 순서대로, 다음에는 단계별로 적용을 하는 연습을 계속하여야 한다. 그러면 어느 순간 자신도 모르는 사이 동시에, 그리고 순서에 관계없이 적용하고 있음을 알게 된다.

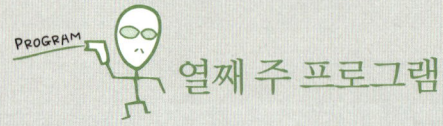

열째 주 프로그램

CSQ3Rd?	CSQ3Rd의 7단계를 순서대로 말해 보고, 내용을 생각하면서 머리 글자인 CSQ3Rd를 외워 본다.
시각 바꾸기 (Change)	책을 읽고 이해하는 수동적인 독자의 입장에서, 책을 구성하고 만드는 능동적인 작가의 입장으로 시각적 위치를 바꾸는 것을 말한다. 손님이나 고용된 사람의 위치에서 물건을 바라보는 것과 주인된 입장에서 물건을 바라보는 것에는 많은 차이가 있다. 손님이나 고용된 사람은 물건의 겉과 기능만 알고 있지만, 주인은 물건의 속과 기능의 원리까지도 훤하게 알고 있다. 책을 읽을 때도 독자의 시각에서 읽는 것이 아니라 작가의 입장에서 책을 읽으면 책에 대한 애정과 관심이 높아지고 깊은 이해가 가능해진다. 자신은 어떻게 책을 읽어왔는지를 생각해 보고, '시각 바꾸기'에 따라 책을 읽는다면 어떻게 읽어나가는 것이 '시각 바꾸기'이고, 그에 따라 읽었을 때는 어떤 효과를 기대할 수 있는지 적어 본다.
훑어보기 (Survey)	훑어보기는 큰 제목과 중간 제목, 작은 제목순으로 연결하여 읽는 것을 말한다. 제목들은 서로 간에 상관관계가 있으며, 서로 연결하면 책의 줄거리가 되기도 한다.
질문 만들기 (Question)	질문 만들기는 제목과 문장들을 질문 형태로 전환하여 책을 읽는 것을 말한다. 계속 답을 찾으면서 문장을 읽으면 책에 대한 집중력도 높아진다. 아주 단순하게 질문형을 만드는 방법은 제목이나 문장의 끝에 '?'를 붙이는 것이다.
'읽기(Read)', '외우기(Recite)', '복습하기(Review)'	읽을 때는 의문에 대한 답을 찾으며 읽고, 외울 때는 지루하게 무조건 외우는 것보다는 재미있는 방법을 이용하여 외우는 것이 좋다. 기억력을 높이는 복습의 경우 최초의 복습은 학습 후 10~20분 후에 실시하는 것이 가장 효과적이며, 같은 부분을 1일 후에 복습하고, 다시 1주일 후에 복습하고, 다시 1달 후에 복습하면 장기간 기억하게 되며, 공부 시간을 많이 줄여 준다.
다른 방법은? (Different way?)	자신이 공부를 할 때 책에 나와 있는 내용만 이해하고 따라하는지와 다른 방법을 찾는지는 성적에 비례한다. 책에 나와 있는 것만이 해답이 아니라 다른 해답도 있다는 것을 생각하면서 공부한다.

학습전략이 있는 공부습관 만들기

CSQ3Rd의 적용

　'CSQ3Rd'를 처음으로 책에 적용해 보려고 하면, 막상 무엇을 해야 할지 모른다. 보통 학생의 경우에 2주 이상이 지나야 제대로 적용하기 시작하여, 1달 이상이 지나야 책을 보는 눈이 달라진다. 예전에는 주어진 문장을 외우려고 노력하는 수동적 위치에서 책을 보았지만, 'CSQ3Rd'를 적용하면서부터는 책을 어떻게 구성하고 남을 이해시킬 것인가 하는 등의 능동적 위치에서 책을 보게 된다. 또한 책에 대한 애정과 책을 보는 재미가 새롭게 생기는 것은 책에 대한 주인된 입장으로의 변환 때문이다.

CSQ3Rd의 적용

일주일 동안 많이 혼란스러웠겠지만 한 달 정도가 지나면 자연스럽게

'CSQ3Rd'를 적용하게 될 것이다. 설사 한 달이 지난 후에도 이해하기 어렵고 이 방법을 완벽하게 적용하지 못한다고 할지라도 공부방법은 많이 바뀌어 있을 것이고, 바뀐 공부방법은 성적에 긍정적 영향을 끼칠 것이다. 'CSQ3Rd'를 완벽하게 이해하지 못한다면, 이해할 수 있는 다른 개념으로 수정하여 사용해도 좋다. 예를 들어 '질문 만들기' 단계 부분을 적용하려 하여도 어떻게 적용해야 하는지 모르겠다면, 자신이 이해할 수 있는 비슷한 다른 개념을 사용하여 적용하여도 된다. 또한 필요한 개념을, 추가해도 된다. 'CSQ3Rd' 역시 'SQ3R'에서 수정하고 변형된 것으로, 자신에게 필요한 개념과 단계의 삽입은 오히려 한 단계 진보된 형태라고 할 수 있다. 공부를 하는 목표는 각자 다르고, 필요한 것도 다를 수 있다. 이때 'CSQ3Rd'를 고집하는 것보다는 자신에게 필요한 단계를 삽입하여 자신에게 맞는 공부방법을 새롭게 만드는 것이 창조적 공부방법이다. 예를 들어 '문제 만들기'나 '노트 정리하기', '다른 사람에게 설명하기' 등의 단계를 새롭게 추가하는 것이다.

열한째 주 프로그램 진행 방법

책을 꺼내 놓고 'CSQ3Rd'를 적용해 본다. 책을 해석하거나 정답을 찾는 것이 아니라 과정을 익히는 것이므로, 자신이 가지고 있는 책의 어느 부분이나 펼쳐 놓고 같이 진행하여도 좋다. 교과서도 괜찮고, 수학 참고서도 괜찮다.

먼저 책을 앞에 놓고 책의 지은이를 테이프나 수정액을 이용하여 자신의 이름으로 고친다. 책에 쓰인 지은이를 자신의 이름으로 바꾼 후에는 서문을 읽는다. 서문은 책 전체의 내용에 대한 지은이의 소개말이다. 자신이 생각한 책의 내용과 다른 것이 있으면 고쳐 쓰기 바란다. 즉, 자신은 이 책이 어떻게 사용되기를 바랐는데 지은이는 나와 다르게 생각하였다면 나의 생각으로 바꾸는 것이다. 이제부터 이 책의 저자는 나이기 때문이다.

서문을 읽은 후에는 목차를 모두 암기하기 바란다. 목차는 책의 설계도이다. 이 부분을 꼭 외워야 하는 이유는 공부를 한 후에 시간이 지나면서 사람은 공부한 내용을 잊기 시작하고, 어느 순간부터는 까마득하게 느껴지기 때문이다. 이럴 경우 목차는 내가 무엇을 공부했고, 어느 부분에서 무엇을 배웠는지를 알려 주는 안내 역할을 한다. 목차를 암기하면 공부가 체계적으로 진행되고 있다는 느낌도 가질 수 있다.

목차를 암기한 후에는 첫 장부터 끝 장까지 대강 훑어보기 바란다. 인쇄는 잘되어 있는지, 책의 구성은 큰 제목과 작은 제목이 어울리도록 배열되어 있는지 등을 살펴보면서 끝 장까지 훑어본다. 훑어본 후에는 첫 단원, 첫 페이지로 돌아간다. 첫 단원의 제목을 질문형으로 바꾸어 본다. 앞으로 공부할 내용은 제목을 풀어 쓴 내용이 될 것이다. 내용을 읽어나갈 때는 의문형으로 바꾼 제목에 대한 답을 찾으면서 읽어나간다. 문장을 읽을 때는 질문형으로 바꾸어 보고, 문장의 단어를 바꿀 수 있는 다른 단어가 있는지를 찾아본다. 또한, 반대되는 단어는 무엇인지도 찾아본다. 'CSQ3Rd'를 적용할 때는 시간이 많이 걸리는 것 같지만 이제까지 공부한 방식에 비하면 회독수를 줄여 주어 결국은 시간도 줄이고, 문제를 보는 깊이도 달라지는 효과가 있다.

CSQ3Rd	조그마한 명함 크기의 종이에 머리글자인 CSQ3Rd를 적어 놓고, 이를 보면서 진행한다. 처음에는 '시각 바꾸기'부터 순서대로 적용해 보고, 2주 정도가 지나면 순서에 관계없이 동시에 적용하는 습관을 기른다.
시각 바꾸기 (Change)	지은이의 이름을 자신의 이름으로 고친다. 테이프나 수정액을 이용하여 지은이의 이름을 지우고 자신의 이름을 지은이 부분에 적어 넣는다. 이제부터는 자신이 이 책의 지은이가 되는 것이다. 자신의 이름을 보면 뿌듯하면서도 책임감이 드는 것을 느낄 것이다. 앞으로 자신은 책의 지은이로서 책의 구성과 내용에 대하여 책임을 져야 한다. 부족한 부분에 대해서는 수정하거나 채워 넣어야 하고, 글씨 하나, 점 하나에도 작가적 책임을 가지고 주의를 기울이면서 읽어나가야 한다.
훑어보기 (Survey)	목차를 암기하고 큰 제목부터 중간 제목, 작은 제목 순서대로 읽어본다. 제목들을 이어 보면 하나의 이야기가 되는 것을 알 수 있다. 지금 앞에 놓인 책의 목차 부분을 순서대로 읽으면서 책의 줄거리를 만들어 적어 본다. 읽으면서 제목들을 의문문 형태로 바꾸어 본다.
질문 만들기 (Question)	큰 제목, 중간 제목, 작은 제목 등과 중요 문장 등을 질문 형태로 바꾸어 본다. 단순한 문장도 여러 각도에서 바라보면 공부 능력이 향상된다. 지금 앞에 놓인 책의 제목을 질문형으로 만들어서 적어 본다.
'읽기(Read)', '외우기(Recite)', '복습하기(Review)'	'훑어보기'와 '질문 만들기'에서 만들었던 의문이나 질문에 대한 답을 찾으려는 자세로 읽어나간다. 보통의 경우에 제목에 대한 답은 아래 문장 안에 있고, 문장에 대한 답은 책 안에 있다. 복습의 완성은 남에게 가르쳐 보는 것이다. 주위의 친구나 가족들에게 내가 알고 있는 부분을 설명해 본다. 한자리에 모아놓고 하여도 좋고, 지나가다가 붙잡고 설명을 하여도 좋다. 그 사람이 다시 질문을 하거나 응답을 한다면 나의 설명이 제대로 전달된 것이다.

다른 방법은?
(different way?)

문장이든 문제이든 '다른 방법은?'은 어디에나 적용된다. 문장의 경우는 다른 표현 방법이나 단어를 사용하여 같은 뜻의 문장을 만들어 볼 수 있고, 문제의 경우에는 다른 풀이 방법이나 다른 단어, 다른 숫자를 이용하여 같은 답을 이끌어 낼 수 있다. 지금 앞에 펼쳐져 있는 페이지의 한 문장을 다른 단어나 표현을 이용하여 똑같은 의미의 문장으로 바꾸어 보고, 수학 문제라면 다른 공식이나 숫자 또는 풀이 방법을 이용하여 같은 답을 만들어 본다. 책의 내용과 답안대로만 받아들이지 않고, 다른 방법을 찾는 것이 창조적 공부방법이다.

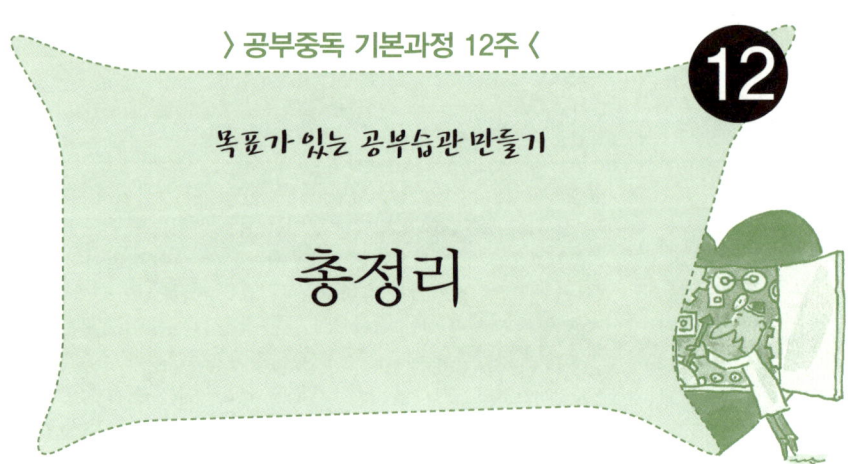

총정리

어렵고 힘든 일의 과정이 지나면 그 몇 배의 즐거움을 느낄 수 있다는 것은 누구나 아는 사실이다. 공부중독에 빠져드는 과정이 얼마나 힘든 일인지는 알고 있다. 하지만 과정의 마지막에는 내가 공부를 즐기는 사람이 되어 있으리라는 것을 알고 있기 때문에 당장의 어려움도 참고 넘어가는 것이다.

총정리

공부중독은 과정의 산물이자, 노력의 산물이다. 자신이 공부중독 프로그램 과정을 거치면서 얻은 습관을 학습에 적용하여 성적 향상을 이루었을 때, 공부에 대한 재미를 느끼고 공부중독에 점점 빠져드는 것이다. 공부중독은 무조건 공부를 한다고 해서 이루어지는 것이 아니라, 체계적인 단계를 거쳐서 이루어지는 것이다. 즉, 목표를 세우고 목표를 달성할 수 있다는 자신감과 목표를 달성할 전략을 세워 공부를 하였을 때 공부중독에 이르는 것이다. 공부중독으로 인한 성적 향상은 중독자 본래의 목표는 아니지만 성적의 향상이 없으면 공부중독의 의미도 없다.

성적 향상은 학생이 공부중독에 이르고자 하는 첫 번째 목적이다. 어느 무엇이 되었든 공부중독은 학생을 학생답게 만들어 주고, 학생과 부모가 원하는 학습 상태를 만들어 준다. 공부중독자에게는 경쟁자가 없다. 오로지 스스로 정한 목표를 향해 매진할 뿐이다.

열두째 주 프로그램 진행 방법

지난 3개월에 걸쳐서 진행하였던 프로그램을 다시 정리해 보기로 한다. 공부중독은 목표가 있는 공부습관과 자신감이 있는 공부습관, 그리고 전략이 있는 공부습관에 '중독'된 상태를 말한다. 공부중독 프로그램은 공부중독 3단계인 목표가 있는 공부습관－자신감이 있는 공부습관－학습전략이 있는 공부습관을 만드는 12주에 걸친 프로그램이다.

공부중독 첫 번째 단계로 '목표가 있는 공부습관'을 만들기 위한 과정에서 제일 먼저 답을 찾고 정리한 것은 '나는 누구인가?'이다. 어떤 일을 하고 어떤 목표를 세우기 위해서는 가장 먼저 자신에 대해 객관적으로 인식하는 것이 필요하다. 자신을 모르는 상태에서 목표를 세우는 것은 실패를 안고 시작하는 것과 마찬가지이다. 모든 일은 자신에 대한 객관적 고찰에서 시작된다. 자신에 대하여 알고, 능력을 객관적으로 파악한 후에는 실천 가능하고 현실적인 목표를 세우게 된다. 목표는 삶의 방향과도 같다. 자신의 목표대로 살기 위해서는 지금 내가 무엇을 해야 하는지를 알려 주는 것이다. 목표는 달성하기 위한 것이고, 달성하기 위해서는 구체적이고 단계적인 실천 방안이 있어야 한다. 그러기 위해서는 계획표가 있어야 하고, 계획표는 머릿속에 있는 것이 아니라 표로 만들어져야 한다. 계획표는 실천에 대한 자신과의 약속이다.

공부중독 두 번째 단계로 '자신감이 있는 공부습관'을 만들기 위한 과정에서는 자신을 믿고 작은 성공 과정을 연속함으로써 자신감을 만들고, 증대시키는 방법을 익혔다.

삶의 방향이라 할 수 있는 목표를 세운 후에는 목표를 실천할 수 있다는 자신감이 있어야 한다. 자신감이 없을 때는 인위적 과정을 거쳐서라도 만들어 주어야 한다. 여기서 인위적 과정이란, 자신이 목표로 하는 과정의 아주 작은 부분을 연속적으로 성공하게 하는 것을 말한다.

공부중독 세 번째 단계인 '학습전략이 있는 공부습관'을 만들기 위한 과정에서는 CSQ3Rd가 무엇이고, 어떻게 학습에 적용하는지를 연습하였다.

많은 학습전략과 학습방법론 중에서 가장 효율적이고 모든 학생들에게 권하는, 그리고 꼭 익혀야 하는 학습방법이 CSQ3Rd이다. CSQ3Rd는 책을 읽을 때의 자세이자 공부를 할 때의 자세로서, '시각 바꾸기(Change)', '훑어보기(Survey)', '질문 만들기(Question)', '읽기(Read)', '외우기(Recite)', '복습하기(Review)', '다른 방법은?(different way)'으로 이루어져 있다.

PROGRAM

열두째 주 프로그램

나는 누구인가?	나와 나의 아버지, 어머니, 형제자매의 이름을 적어 본다.
나의 장점	장점이란 남보다 나은 능력을 말한다. 내가 생각하는 자신의 장점을 적어 본다.
나의 능력	내가 가지고 있는 여러 능력들을 정리해 보고, 이 중에서 가장 뛰어난 능력이 무엇인지 적어 본다. 그리고 그 능력을 사회와 연결하여 사용할 수 있는 분야를 모두 적어 본다.
나의 직업	가장 뛰어나다고 생각한 능력을 바탕으로 내가 사회에 진출하여 해야 할 일은 무엇이고, 어떠한 직업을 가질 것인지를 적어 본다.
목표 대학 정하기	내가 원하는 직업을 갖기 위해서는 어느 대학, 어느 학과에 들어가야 하는지를 적어 본다. 그리고 나의 성적과 비교하여 어느 정도의 차이가 나고, 언제까지 그 차이를 좁힌 것인지를 적어 본다.
칭찬 받았던 일들은 무엇인가?	공부와 관련되었든, 관련되지 않았든 남에게서 받은 칭찬은 공부를 즐기거나 잘할 수 있는 힘이 된다. 언제, 무슨 일로 어떤 칭찬을 받았는지를 모두 찾아서 적어 보고, 공부와 관련하여 칭찬을 받은 일도 적어 본다.
내가 잘하거나 잘할 수 있는 일	나에게는 다른 사람과는 차별화된 능력이 있고, 내가 생각하여도 이것은 남보다 잘할 수 있다고 생각하는 일이 있다면 적어 본다. 그리고 주위 사람들이 나는 무엇을 잘하고, 잘할 수 있다고 말하는 것을 적어 본다.
공부가 재미있었던 적이 있는가?	공부를 하다 보면 가끔은 재미를 느끼는 때도 있다. 그때가 언제인지를 적어 본다.
나에게 맞는 공부 형태는?	1. 야간형, 새벽형 2. 학원형, 과외형, 나홀로형, 혼합형 3. 벼락치기형, 꾸준형 4. 즉흥형, 목표형 중에서 자신에게 맞는 학습 형태를 생각해 보고, 왜 자신에게는 그 형태가 맞는지를 적어 본다. 그리고 자신에게 맞는 학습 형태의 장점에 대해서도 적어 본다.
CSQ3Rd?	CSQ3Rd의 7단계를 순서대로 적어 보고, 실제로 적용을 했을 때의 어려움을 적어 본다.
내가 공부를 잘할 수밖에 없는 이유	나는 공부를 잘할 수 있는 많은 조건과 능력을 가지고 있다. 내가 공부를 잘할 수밖에 없는 이유를 적어 본다.

공부에 빠져들다.
공부에 빠져들다.
공부에 빠져들다. 공부중독 공부에 빠져들다.
공부에 빠져들다.

특별부록

공부중독,
속성과정 3주 프로그램

속성과정 3주 프로그램을 시작하기 전에

속성과정이란, 공부중독 3단계인 목표가 있는 공부습관–자신감이 있는 공부습관–학습전략이 있는 공부습관을 3주에 걸쳐서 만드는 과정을 말한다. 이는 시간적 여유가 없거나 빠른 결과물을 원하는 학생들에게 권하는 과정으로, 내용상으로는 기본과정과 똑같으며, 12주 기본과정 내용을 축약한 것일 뿐이다.

속성과정은 주마다 해야 할 분량이 많지만 대강 넘어가서는 안된다. 공부중독 과정을 성적 향상을 목적으로 하든, 공부에 재미를 느끼기 위하여 하든, 과정 하나하나에 대한 충분한 이해와 스스로 체험할 수 있는 시간적 여유를 가져야 과정이 끝난 후에 효과를 거둘 수 있다. 짧은 시간 내에 효과를 얻기 위해서는 중독 과정에 집중해야 한다.

속성과정은 목표가 있는 공부습관 만들기(1주차), 자신감이 있는 공부습관 만들기(2주차), 학습전략이 있는 공부습관 만들기(3주차) 순서로 진행된다.

프로그램을 진행하면서 각 쪽에 나오는 표 안에다 글씨를 직접 쓰기에는 칸의 크기가 부족할 것이다. 이때는 학습발전소 홈페이지(www.sosman.net)에서 A4 용지 크기에 맞는 표로 제작된 파일을 다운로드한 후 프린터로 인쇄하여 사용하면 된다.

파일은 속성과정 프로그램 진행 순서에 맞추어 *.hwp(한글)와 *.doc(MS) 파일로 제작되어 있다. 프로그램을 진행할 때는 책을 보면서 매주 해야 할 내용을 읽고, 다운로드하여 프린터로 인쇄한 A4 용지의 빈 칸을 채워 나간다.

목표가 있는 공부습관 만들기

공부중독의 첫 단계는 목표가 있는 공부습관을 만드는 것이다. 여기서 목표란 삶의 목표이자 직업적 목표, 그리고 공부에 있어서의 목표를 말한다. 목표는 공부를 해야 하는 이유이자 방향이다.

목표가 있는 공부습관

목표가 있는 공부습관을 만들기 위해서는 먼저 자신이 누구인지에 대한 객관적 인식이 필요하다. 한 사람이 살아가면서 자신에 대하여 깊게 생각해 볼 수 있는 기회는 그리 많지 않다. 공부나 직장 생활에 쫓겨서 살다보면 자신을 잃고 남을 따라가는 데 급급한 경우가 대부분이다. 어쩌면 이 기회가 마지막일 수도 있다. 나를 안다는 것은 나에게 어떤 능력이 있는지를 아는 것과 같다. 평생에 단 1시간만이라도 자신에 대하여 생각해 보고, 자신의 능력에 생각해 본다면 과거에는 보이지 않았던 자신의 능력에 놀랄 것이다. 자신의 능력을 객관화한 후에는 실천 가능하고 현실적인 목표를 세워야 한다. 목표는 내 삶의 방향과도 같다. 앞으로 어떻게 살고, 어떻게 살기 위하여 지금 내가 무엇을 해야 하는지를 알려 주는 것이다. 목표는 달성하기 위한 것이고, 달성하기 위해서는 구체적이고 단계적인 실천 방안이 마련되어 있어야 한다. 이를 위해서는 계획표가 있어야 하고, 계획표는 머릿속에 있는 것이 아니라 표로 만들어져야 한다. 계획표는 실천에 대한 자신과의 약속이다.

첫째 주 프로그램 진행 방법

공부중독을 위한 12주 기본과정을 3주로 줄이는 데는 중독과정에 대한 집중을 전제로 한다. 삶의 시간에 있어서 3주라는 시간은 매우 사소하지만 중독과정 3주는 삶 전체를 바꿀 수도 있는 시간이므로, 귀하게 사용하기 바란다.

'나는 누구인가?'에서는 내가 알고 있는 나에 대해 적어 본다. 이제까지 자신이 생각해 왔던 자신과 문자로 표현한 자신과는 많은 차이가 있음을 알 수 있다. 여기서 우리가 알 수 있는 것은 생각하는 것과 생각한 것을 문자화하였을 때의 차이점이다. 문자는 생각을 구체화시키고 객관화시키는 능력이 있다. 자신에 대하여 솔직하게 쓰는 것이 공부중독의 시작이다.

나에 대하여 알아보았다면 다음으로 나의 능력에 대하여 알아보자. 세상을 살아가는 힘이라 할 수 있는 능력은 누구나 가지고 있지만, 각자가 가지고 있는 능력은 다르다. 그럼 나에게는 어떤 능력이 있는가? 자신의 능력을 진지하게 찾아보면 내가 알지 못했던 재능과 장점들이 자신에게도 많이 있다는 것을 알 수 있다. 또한 이제까지 단점으로만 생각하였던 것들이 내가 가지고 있는 가장 큰 능력이 될 수 있다는 것도 알 수 있다. 내가 가지고 있는 모든 능력을 찾으면 내가 앞으로 나아갈 방향을 잡을 수 있다. 즉, 삶의 목표를 정할 수 있다.

나의 능력을 찾고 정리하였다면 능력을 삶의 목표와 연결시켜 달성하는 방법을 찾아야 한다. 목표는 삶의 목표를 비롯하여 직업, 학교, 학과에 이르는 삶의 전 과정을 정리하고, 삶의 방향을 정하는 것이다. 내가 가지고 있는 능력과 목표가 일치해야만 목표에 충실할 수 있고, 능률도 오른다. 목표만 있고 능력이 없다면 목표는 꿈일 뿐이고, 능력은 있지만 목표가 없다면 능력은 쓸모 없는 가능성일 뿐이다. 목표는 가능한 것이어야 하고, 현실적인 것이어야 한다.

또한, 목표는 근거가 있어야 한다. 내가 어떤 목표를 세웠다면 왜 그 목표를 세웠는지, 그 목표를 달성할 수 있는 근거가 무엇인지를 알아야 한다. 근거는 객관적이어야 하며, 정상적인 방법이어야 한다. 나 아닌 다른 사람도 목표 달성의 가능성을 수긍할 정도가 되어야 한다.

자신이 가지고 있는 능력을 삶의 목표와 연결시켜서 달성하는 방법을 알아내었다면, 다음에는 목표를 달성하는 방법을 구체화하여 계획표를 만들어야 한다. 작은 목표에서부터 큰 목표에 이르기까지 구체적으로 계획을 세워서 지금 해야 할 일이 무엇인지를 알아야 한다.

첫째 주 프로그램

나는 누구인가?	나와 나의 아버지, 어머니, 형제자매의 이름을 적어 본다. 그리고 자신과의 관계가 어떠한지, 문제가 있다면 무엇인지, 그 문제를 해결할 수 있는 방법은 무엇인지를 적어 본다.
나의 장점	장점은 '남보다 나은 능력?'을 말한다. 내가 생각하는 자신의 장점을 생각해 보고, 부모나 주위 사람들이 나의 장점이라고 말하는 것들을 적어 본다.
나의 능력과 직업	내가 가지고 있는 여러 능력들을 정리해 보고, 이 중에서 가장 뛰어난 것이 무엇인지를 적어 본다. 그리고 가장 뛰어나다고 생각한 능력을 바탕으로 내가 사회에 나가서 할 일은 무엇이고, 어떠한 직업을 가질 것인지를 적어 본다.
사회적 봉사	내가 하고 싶은 일이나 직업이 다른 사람들과 이 사회에 얼마나 도움이 되는지를 적어 본다. 그리고 내가 이 일을 하지 않는다면 이 세상에 어떤 일이 일어날 것인지에 대해서도 적어 본다.
잘하고 싶은 과목	왜 그 과목을 잘하고 싶은지를 적어 보고, 잘할 수 있는 방법이 무엇인지를 적어 본다.
목표 대학 정하기	내가 원하는 직업을 갖기 위해서는 어느 대학, 어느 학과에 들어가야 하는지를 알아본다. 그리고 나의 성적과 비교하여 어느 정도의 차이가 나고, 언제까지 그 차이를 좁힐 것인지를 계획한다.
주간 계획표 만들기	학기 중과 방학 기간 중으로 나누어서 계획표를 만든다. 일반적으로 계획표를 세운다고 할 때의 계획표로, 일 년이라는 기간은 일주일을 단위로 반복되기에 좋고, 일주일이라는 기간은 계획을 세우기에 좋은 기간이다.
	토요일과 일요일에는 꼭 2시간 이상의 휴식 시간이 필요하다. 휴식은 공부에 있어서 필수적인 요소이다. 잘 쉬는 사람이 공부도 잘한다. 그리고 토요일에는 복습을 하고, 일요일에는 예습을 하도록 한다.

일일 계획표 만들기	**A. 노는 시간 계획표 만들기** 하루의 대부분을 차지하는 공부 시간을 먼저 확보하는 것보다 휴식 시간을 먼저 확보하는 것이 계획표를 세울 때 여유로울 뿐만 아니라 실천을 할 때도 부담이 덜하다. 공부 시간이 줄어들 것이라는 걱정은 하지 마라. 학생들에게 위와 같이 계획표를 세우라고 했을 때 공부 시간이 줄어든 학생보다는 늘어난 학생들이 더 많았다. **B. 공부할 양 또는 시간으로 계획을 세우기** 공부의 양을 기준으로 계획을 세우면 시간 경계선이 무의미해질 수 있고, 공부할 시간을 기준으로 계획을 세우면 공부를 중간에 중단해야 하는 경우가 생긴다. 그럼 무엇을 기준으로 세우는 것이 좋은가? 답은 각자의 성격에 따르는 것이 좋다는 것이다. 공부를 잠시 중단했을 때 공부 내용이 계속 머릿속에 남아 있는 사람은 계획표를 공부의 양을 기준으로 세우는 것이 좋고, 딱 정해진 시간만큼만 공부를 하겠다는 사람은 시간을 기준으로 계획표를 만드는 것이 좋다. 나는 어떠한 것에도 속하지 않는 학생이라면 목표량을 기준으로 계획표를 만드는 것이 좋다. 하루 또는 일주일의 분량을 정하고 공부를 하는 것이 성취욕을 높이고 성취감을 더 느끼게 한다. 시간 계획에 따라 공부를 할 때의 단점은 목표 시간을 채우기만 하면 공부를 다 했다고 생각한다는 것이다. **C. 4:1:1법칙** 40분 공부, 10분 정리, 10분 휴식의 규칙에 따라 작성되어야 한다. **D. 과목별 배치** 재미있는 과목을 40분 공부하였으면, 재미없는 과목을 20분 공부한다. 즉, 자신이 싫어하거나 어려운 과목을 재미있는 과목 사이에 끼워 넣는 것이 지루함을 덜어 준다. 또한, 과목의 성질이 서로 다른 것을 공부하는 것이 좋다. 수학 다음에 과학을 공부하는 것보다는 국어나 국사처럼 성질이 다른 과목을 공부하는 것이 기억에 오래 남는다.

02

자신감이 있는 공부습관 만들기

성공은 성공을 부르고, 좌절은 좌절을 부른다. 성공을 해 본 사람이 다시 성공을 하고, 실패에 젖은 사람은 실패를 벗어나지 못한다. 공부에 있어서도 지난 시절의 성공 경험이 중요하며, 성공 경험은 공부에 대한 자신감으로 나타난다. 지금은 성적이 형편없지만 초등학교 때 1등을 해 본 경험이나 어떤 상을 타 본 경험이 있는 아이에게는 앞으로도 1등을 하거나 상을 할 수 있는 에너지와 자신감이 내재되어 있다.

자신감 있는 공부습관

공부를 잘하는 최고의 보험은 자신감이다. 비록 목표가 없고 학습전략이 부족하더라도 자신감이 있으면 발전할 수 있는 가능성이 있기 때문이다. 자신감은 성공 경험을 통하여 만들어진다. 예전에 실패한 경험이 있다면, 다시 시작하기가 두렵지만, 성공한 경험이 있다면 두려움 없이 접근하는 것과 같이 공부에 대한 성공 경험은 새로운 단계의 공부에 접근하는 데 있어 두려움을 없애 준다.

성공 경험을 만드는 인위적 작업은 작은 성공의 연속을 통하여 '나는 할 수 있다.'는 생각에 젖도록 만드는 것이다. 여기서 성공 경험은 일주일 이내에 할 수 있는 목표에 대한 성공이어야 하고, 자신의 노력에 의해 가능한 정도의 어려움을 가지고 있어야 한다. 그리고 일회적이 아니라 연속적이어야 한다. 일주일에 하나의 목표를 정하여 한 번만 성공하는 것이 아니라 매일매일 성공하는 것이어야 한다.

둘째 주 프로그램 진행 방법

자신감은 실패를 성공으로 바꾸는 마술과 같은 힘을 가지고 있다.

작은 목표를 성공함으로써 자신감을 쌓아가는 것이 둘째 주의 프로그램 목표이다. 목표라고 말하기 위해서는 자신의 노력이 필요한 것이어야 한다. 너무 높은 목표는 아니더라도 자신의 노력으로는 가능한 정도여야 한다. 자신의 노력에 의한 성과를 통해서만 자신감을 얻을 수 있다. 불가능한 목표를 세우거나 너무 쉬운 목표를 세우면 성공 경험도 얻지 못하고, 성공을 하여도 자신감이 생기지 않는다. 즉 '어려운 과정이지만 나도 노력을 하면 할 수 있구나.'를 느낄 수 있는 정도의 목표여야 한다.

목표는 1주일 목표와 매일매일의 목표로 나누어지는데, 매일매일의 목표는 1주일 목표를 요일별로 나눈 것이다. 평소 일주일에 50쪽 정도 진도를 나갔다면 일주일의 전체적인 목표는 70~80쪽 정도이고, 단순하게 나누면 하루 10~11쪽 정도이다. 하루하루의 분량이 하루의 목표가 되고, 하루가 끝날 때마다 실천 여부를 체크한다. 이는 하루마다 공부에 대한 성공 경험을 느낄 수 있도록 하기 위함이다. 부모의 칭찬은 프로그램을 진행하는 데 커다란 힘이 된다. 비록 실패를 하더라도 칭찬을 아끼지 말아야 한다. 어떠한 경우에서든 비난이나 재촉, 훈계는 프로그램 진행에 도움이 되지 않는다. "이만큼 했으면 많이 한 것이다."라고 칭찬을 한다면 아이는 다음날 목표를 이루겠지만, "이것도 못하냐."라고 한다면 아이는 다음날도, 그 다음날도 목표를 달성하지 못할 것이다. 혹시 겉으로만 진도를 나가는 데 만족하는 부모는 없으리라 생각한다. 아이가 해야 할 공부는 자신의 노력에 의하여 충분히 이해한 상태에서의 공부여야지, 부모의 재촉에 의하여 겉으로 훑고 간 진도여서는 안된다.

공부에 필요한 습관을 만들기를 원한다면 공부 중에는 휴대전화를 끄는 것을 습관으로 하거나, 일주일 동안은 게임이나 인터넷 등을 하지 않겠다고 다짐하거나, 공부 중에는 방 밖으로 2회 이상 나가지 않겠다고 결심하는 등의 목표를 세우고 실천하면 된다.

공부에 필요한 습관을 형성하기 위해서는 일주일이라는 시간이 부족하지만, 일단 성공을 하면 많은 칭찬을 해 주기 바란다. 누구든지 새로운 것은 처음이 어렵지 일주일만 버틸 수 있다면 성공할 수 있다. 성공하지 못했다고 해서 실망하기는 이르다. 아직 시간은 많이 남아 있고, 다시 시작하여도 성공할 시간은 충분하다. 자꾸 시도를 해 보려는 도전이 중요하다.

일주일 간의 목표는 한두 개 정도가 좋다. 너무 많아서 자신이 무엇을 해야 할지 모른다거나 너무 힘들어 포기하면 안된다. 그렇다고 너무 쉽거나 특별한 노력 없이도 달성할 수 있는 것이라면 공부에 의한 성공 경험을 쌓을 수 없다.

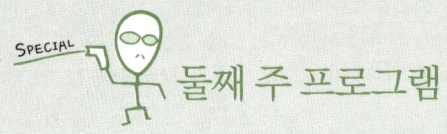

둘째 주 프로그램

잘하거나 잘할 수 있는 일	나에게는 다른 사람과는 따른 차별화된 능력이 있고, 내가 남보다 잘할 수 있다고 생각하는 일이 있다면 적어 본다. 그리고 주위 사람들이 나는 무엇을 잘하고, 잘할 수 있다고 말하는 것이 있다면 그것이 무엇인지 적어 본다.
성공 경험	이제까지 무엇 하나 이룬 것이 없어 보여도 생각해 보면 성공했던 일들이 많이 있을 것이다. 성공했던 기억들을 어릴 적부터 하나하나 찾아서 적어 보고, 이런 성공 경험들이 왜 공부에서는 힘으로 작용하지 못하는지를 적어 본다.
작은 성공 만들기 실천 과제	노력에 의해 달성 가능한 과제를 선택하고 과제명을 적어 본다. 예를 들어 일주일 동안 인수분해를 완전히 이해하는 것을 목표로 했다면 '인수분해 완전 격파'라고 적는다.
과제를 선택한 이유	이 프로그램은 공부에 대한 성공 경험을 얻는 데 목적이 있다. 자신이 왜 위의 과제를 선택하였는지와 선택한 과제를 통해 어떤 자신감을 얻을 수 있는지를 적어 본다.
기간과 시간	도전 과제의 시행 기간인 일주일을 적고, 과제를 시행하는 일정 시간을 적는다.
실천 방안	계획을 세우고 문자화하는 습관은 매우 중요하다. 공부는 지겹고, 공부 관련 과제도 지겨울 수 있다. 따라서 이왕이면 과제를 억지로 하는 것보다는 재미있게 하는 것이 좋다. 이 과제를 재미있게 실천할 수 있는 방안에 대하여 적어 본다.
하루 목표	매일매일의 성공 경험을 위하여 하루의 목표량을 적어 본다. 요일별로 똑같이 나눌 수도 있고 달리 나눌 수도 있는데, 자신의 요일별 스케줄에 따른다. 공부에 필요한 습관 만들기를 과제로 한 경우에는 작은 표를 만들어서 잠자리에 들기 전에 실천 여부를 체크할 수 있는 실천표를 만드는 것이 좋다. 하루의 목표를 달성하였을 때는 스스로에게 칭찬을 해 주기 바란다.

과제 수행 시의 어려운 점	과제를 진행하면서 어려웠던 점을 적어 본다. 지금은 해결하기 어렵겠지만 나중에 다시 프로그램을 진행할 때 많은 도움이 될 것이다.
과제 수행 결과	과제 수행을 끝낸 후에 변화된 자신에 대하여 생각해 본다. 일주일을 쉬지 않고 정해진 시간에 공부 관련 과제를 완성한 자신을 칭찬한다. 그리고 공부에 대한 자신의 생각과 목표에 대한 생각을 다시 정리하여 적어 본다. 목표를 향한 과정 중 수정 사항이 있으면 수정을 하고, 공부에 대한 자신감이 어떻게 변하였는지를 적어 본다.

학습전략이 있는 공부습관 만들기

학습전략은 '학습목표를 어떻게 달성할 것인가'에 관련된 것으로, 목표를 달성하는 방법론을 말한다. 학습을 하는 데는 여러 가지 방법이 있지만 이 중에서 'CSQ3Rd 공부법'은 가장 우수한 방법 중 하나이다. 'CSQ3Rd 공부법'은 책을 보는 방법과 공부의 틀을 잡아 주고, 적은 공부 시간으로 높은 성적 향상을 가져다 준다. 또한 주어진 문장을 이해하고 외우려 노력하는 기존의 수동적 공부방법에서, 책을 어떻게 구성하고 남을 이해시킬 것인가 하는 능동적 공부방법으로 변화시켜 준다.

학습전략이 있는 공부습관
'CSQ3Rd 공부법'의 내용은 7단계에 걸쳐서 책을 보는 방법으로 구성되어 있다. 그러나 단순히 책을 읽는 순서가 아니라 공부를 하는 방법이기도 하다.

1단계 '시각 바꾸기(Change)'는 책을 읽을 때 독자적 시각에서 저자의 전달 내용을 그대로 읽고, 단어와 문장을 이해하려는 입장이 아닌, 작가적인 시각에서 내가 저자라면 이 책을 어떻게 구성할 것인지를 생각하면서 책을 대하는 것이다.

2단계 '훑어보기(Survey)'는 공부할 내용들을 자세히 살펴 보기 전에 우선 전반적인 책의 내용을 파악하여 무엇이 중요하고, 무엇이 중요하지 않은지를 파악하는 것이다.이 방법을 이용하면 공부할 양과 소요되는 시간을 파악할 수 있으며, 이는 공부 계획을 작성하는 데도 도움이 된다.

3단계 '질문 만들기(Question)'는 질문을 만들면서 책을 읽는 것으로, 무조건 읽는 것보다 시간이 더 걸리지만, 그 효과는 몇 배에 달한다.

4, 5, 6단계인 '읽기(Read)', '외우기(Recite)', '복습하기(Review)'는 이제까지 학교에서 배워 온 공부방법과 같다.

7단계 '다른 방법은?(different way?)'은 정답을 대신할 다른 답이나 해답을 대신할 다른 풀이 방법, 기존 단어를 대신할 다른 단어는 없는지를 찾는 것이다.

셋째 주 프로그램 진행 방법

'CSQ3Rd'는 어떤 과목이든지 적용할 수 있다. 처음 시작할 때는 한 과목 한 책을 가지고 적용하는 연습을 하는 것이 좋다. 아직 용어도 익숙하지 못하고 용어의 내용을 적용하는 것도 어색하겠지만, 이 방법이 최선이라는 확신을 가지고 계속 연습을 해야 한다.

'CSQ3Rd'는 책 전체에 적용되는 것이지만 책을 읽는 부분에도 적용할 수 있다. 예를 들어 수학 문제를 풀 때 문제를 훑어보고(Survey), 내가 책의 저자라면 이 문제가 여기서 적당한 문제인지(Change)를 생각하고, 문제를 푼 후에는 해답지에 나와 있는 풀이 방법 외에 다른 방법이 있는지를 찾아본다(different way?). 그리고 하나의 문제를 응용하여 다른 문제로 바꾸어 본다(Question).

자세히 살펴보면 7단계 모두가 적용되지 않은 것을 알 수 있다. 전체에 적용될 때는 7단계가 전부 적용되지만, 부분에 적용할 때는 이 중 몇 가지만 적용되는 경우가 많다. 어느 때 무엇이 적용되는지는 문장이나 문제의 형태에 따라 그때그때 차이가 나기 때문에 많은 연습이 필요하다. 또한 7단계가 순서대로 적용되지 않은 것은 가능하면 7단계 모두를 적용하는 것이 옳지만 반드시 순서대로 적용하지 않아도 된다는 것을 의미한다. 순서는 의미가 없다. '시각 바꾸기(Change)'가 첫 번째 단계이지만 글을 읽으면서 '질문 만들기(Question)'가 먼저 적용될 수도 있고, '다른 방법은?(different way?)'이 먼저 적용될 수도 있다. 훑어보고 읽어가면서 그때그때의 상황에 따라 순서가 변형될 수도 있는 것이다.

또한 책을 읽어나가는 도중에는 'CSQ3Rd'를 별도로 분리하여 하나하나 적용하는 것이 아니라 책을 읽어가면서 동시에 적용해야 한다. 책 전체를 바라보고 구성할 때는 어느 정도 분리하여 적용할 수 있지만, 책 내용을 읽어나갈 때는 읽으면서 동시에 적용한다. 예를 들어 'The boy lives in Seoul.'을 읽는다면 '다른 방법은?'이나 '질문 만들기' 등을 각각 적용하고 거기에 따른 어떤 결과물을 분리하여 내놓는 것이 아니라, 읽어가면서 '다른 방법은?'과 '질문 만들기'를 동시에 적용하고 동시에 결과물을 내놓는 것이다.

CSQ3Rd?	CSQ3Rd의 7단계를 순서대로 적어 보고, 내용을 생각하면서 머리글자 인 CSQ3Rd를 외운다.
시각 바꾸기 (Change)	책의 지은이의 이름을 자신의 이름으로 고친다. 테이프나 수정액을 이 용하여 지은이의 이름을 지우고 자신의 이름을 지은이 부분에 적어 넣 는다. 이제부터는 자신이 이 책의 지은이가 되는 것이다. 자신의 이름 을 보면 뿌듯하면서도 책임감이 드는 것을 느낄 것이다. 앞으로 자신 은 책의 지은이로서 책의 구성과 내용에 대하여 책임을 져야 한다. 부 족한 부분에 대해서는 수정하거나 채워 넣어야 하고, 글씨 하나 점 하 나에도 작가적 책임을 가지고 주의를 기울이며 읽어나가야 한다.
훑어보기 (Survey)	큰 제목과 중간 제목, 작은 제목순으로 연결하여 읽어나간다. 목차를 암기하고 큰 제목부터 중간 제목, 작은 제목 순서대로 연결하여 읽어 나가면 하나의 이야기가 되는 것을 알 수 있다.
질문 만들기 (Question)	질문 만들기는 제목과 문장들을 질문 형태로 전환하여 의문을 갖고 책 을 읽게 하는 것이 목적이다. 계속 답을 찾으면서 문장을 읽으면 책에 대한 집중력도 높아진다. 책 제목에서부터 큰 제목, 중간 제목, 작은 제목 등과 중요 문장 등을 질문 형태로 바꾸어 본다. 단순한 문장도 여 러 각도에서 바라보면 공부 능력을 향상시킬 수 있다.
읽기(Read), 외우기(Recite), 복습하기(Review)	읽을 때는 '질문 만들기'에서 만들었던 질문에 대한 답을 찾으며 읽고, 외울 때는 지루하게 무조건 외우는 것보다는 재미있는 방법을 이용하여 외우는 것이 오래 기억된다. 복습의 완성은 남에게 가르쳐 보는 것이다. 주위의 친 구나 가족들에게 내가 알고 있는 부분을 설명해 본다. 한자리에 모아놓고 하여도 좋고, 지나가다가 붙잡고 설명을 하여도 좋다. 그 사람이 다시 질문 을 하거나 응답을 한다면 나의 설명이 제대로 전달된 것이다.
다른 방법은? (different way?)	공부를 할 때 책에 나와 있는 내용만 이해하고 따라하는가, 아니면 다 른 방법을 찾는가는 성적에 많은 영향을 끼친다. 문장이든 문제이든 '다른 방법은?'은 어디에나 적용된다. 문장의 경우에는 다른 표현 방법 이나 단어를 사용하여 같은 뜻의 문장을 만드는 것을 생각해 볼 수 있 고, 문제의 경우에는 다른 풀이 방법이나 다른 단어, 다른 숫자를 이용 하여 같은 답을 이끌어 내는 것을 생각해 볼 수 있다. 지금 보고 있는 문장을 다른 단어를 넣어서 같은 뜻의 문장으로 바꾸어 보라. 지금 보 고 있는 책이 수학책이라면 다른 풀이 방법이나 숫자를 이용하여 같은 답을 구해 보라. 책의 내용과 해답대로만 받아들이지 않고 다른 방법 을 찾는 것이 창조적 공부방법이다.

에필로그;

    습관은 삶의 실천이자 약속이다. 일정한 상황이나 조건에서 똑같은 반응을 나타내는 것이 습관이다. 습관은 반복에 의해 형성되며, 편리하고 만족스러운 습관은 중독을 부른다. 중독은 쉽게 빠져나오지 못하는 쾌감이다. 공부중독도 공부를 함으로써 쾌감을 얻는 것이다. 모르는 지식을 하나하나 깨닫는 순간에도 쾌감을 느낄 수 있으며, 성적표를 받아볼 때도 쾌감을 느낄 수 있다.

    공부중독자는 공부를 통하여 쾌감을 얻는 사람을 말한다. 공부중독자의 하루는 수도자의 생활과 같이 단순하고, 규칙적이다. 아침에는 남들과 같이 하루를 시작하지만, 잠자리에 들 때는 누구보다 치열하였던 하루 생활을 뒤돌아보면서 뿌듯함을 느낀다. 공부중독자는 멋있다. 자신의 목표를 향한 열정도 멋있고, 아껴서 모아둔 시간을 자신이 원하는 취미 생활에 투자하는 모습도 멋있다.

    공부중독자는 천재가 아니다. 단계적 과정과 연습을 거쳐 만들어지는 것이다.

누구나가 공부중독자가 될 수는 있지만, 이를 유지하는 데도 노력이 필요하다. 인위적으로 만들어진 공부중독자들도 노력을 게을리하면 리듬을 잃을 때가 있고, 슬럼프에 빠질 때도 있다. 공부중독은 환경의 변화가 있거나 심리적으로 사춘기에 있을 경우, 다시 경쟁과 비교를 하게 되었을 경우에 흔들린다. 이때는 다시 중독 프로그램을 실시하여 마음을 잡아야 한다. 공부중독은 타고난 것이 아니라 인위적으로 만들어진 것이기 때문에 완벽하다고는 할 수 없다. 즉, 공부중독은 나의 부족한 부분을 완전하게 만들어가는 과정인 셈이다. 공부중독을 통해 여러분이 원하는 목표를 달성하기 바란다.